SVLTO

Wer kennt die Gegend zwischen Neapel und Salerno besser als Dieter Richter?

Mit Hingabe erzählt er von der Amalfi-Küste als einem der großen Wunder Italiens. Trotz der unwirtlichen Felsen ließen sich dort schon in der Antike die ersten Ansiedler nieder. Die Höhlen boten Schlupfwinkel für Piraten. Später beherrschten die Schiffe Amalfis, der ältesten Seerepublik Italiens, den Handel mit dem Orient.

Die wilde Schönheit der Costiera – geprägt von der Arbeit vieler Generationen, die kunstvoll die steilen Abhänge terrassierten und in hängende Gärten verwandelten – zog seit der Romantik Künstler und Schriftsteller wie William Turner, Karl Friedrich Schinkel, Carl Blechen, Fanny Mendelssohn, Leo von Klenze, Richard Wagner, Mary Shelley, André Gide, Siegfried Kracauer, Max Pechstein und Walter Benjamin an.

Keine Region wurde häufiger gemalt und bedichtet. Mitte des 20. Jahrhunderts Zufluchtsort für von den Nazis Verfolgte, wurde die Amalfi-Küste 1997 zum UNESCO-Weltkulturerbe erklärt.

Dieter Richter

Costiera Amalfitana

Geschichte einer Landschaft

Verlag Klaus Wagenbach Berlin

Einleitung

Die Amalfiküste, Costiera Amalfitana, ist eines der großen Wunder Italiens. Als das Römische Reich zerfiel, Kriege und Barbareneinfälle das Land erschütterten, ließen sich an dieser unwirtlichen, schroff ins Meer abstürzenden Felsenküste die ersten Ansiedler nieder, Flüchtlinge aus den großen Zentren. Der Blick aufs Meer spürte den Feind auf, die zahlreichen Höhlen des Kalksteinmassivs boten Schutz und Unterschlupf vor Piraten und Beutemachern. Aber der Blick aufs Meer lockte zugleich in die Ferne, hier musste man selber zum Piraten und Beutemacher werden. Denn der Boden war karg und knapp, es gab kein Ackerland, dafür Holz für den Schiffbau. Ein neues Imperium konnte man unter diesen Verhältnissen nicht gründen, wohl aber die Wirtschaftsform der Zukunft erfinden, den Handel zur See, die frühe Form des Kapitalismus. Die Costiera Amalfitana wurde zum idealen Habitat der großen Zeitenwende.

Wer heute an die Amalfiküste kommt, kann sich nur schwer vorstellen, dass diese Region einst Schauplatz großer europäischer Geschichte war. Amalfitanische Schiffe vermittelten den Handel mit dem Orient, in seiner Blütezeit im hohen Mittelalter war Amalfi zusammen mit den umliegenden Orten ein autonomer Stadtstaat, die älteste der italienischen »Seerepubliken«. Der Süden Italiens, damals eine der am weitesten entwickelten Gegenden Europas, war Brückenregion zur arabischen Welt. Neue Techniken und Kenntnisse wie die Herstellung und der Gebrauch von Papier, Luxusgüter wie Zucker oder Kaffee fanden auf diesem Weg ihr Entrée ins Abendland. Der Prozess der Modernisierung Europas nahm hier seinen Anfang.

Zu den Wundern der Costiera Amalfitana gehört auch das Bild dieser Landschaft. Darin eingeschrieben ist die

Arbeit von Generationen, die durch die Kunst der Terrassierung die steilen Abstürze in hängende Gärten verwandelt haben, deren Anblick das Auge entzückt und die zugleich Grundlage für Kultivierung und Schutz dieser immer wieder gefährdeten Region bilden. Jede Amalfi-Zitrone auf der Welt ist Botschafterin dieses Wunders.

Zu Beginn des 19. Jahrhunderts gewinnt die Costiera Amalfitana erneut gesamteuropäische Dimensionen. Sie wird zur Geburtsregion der Romantik. Künstler, Schriftsteller und Intellektuelle entdecken mit ihr eine Gegend, die dem neuen Ideal des Schönen entspricht und die Gemüter bewegt. Wohl keine Reiselandschaft ist häufiger gezeichnet, gemalt, bedichtet und beschrieben worden. Damit beginnt die inzwischen über zweihundertjährige Geschichte der Costiera Amalfitana als Fremdenverkehrsregion.

Fluchtregion und Versteck wurde sie erneut. Im 20. Jahrhundert fanden hier zahlreiche Emigranten, darunter Verfolgte und freie Geister aus dem nationalsozialistischen Deutschland, eine Zuflucht auf Widerruf.

1997 wurde die Amalfiküste in die Liste des Welterbes der UNESCO aufgenommen. Sie umfasst dreizehn kleine Kommunen, die sich von Positano im Westen über Praiano, Furore, Conca, Amalfi, Atrani, Ravello, Scala, Minori, Maiori, Cetara und Tramonti bis Vietri über die Südseite der Halbinsel von Sorrent erstrecken. Keine von ihnen gleicht der anderen. Und beharrlich pocht jede auf ihre Individualität. Tatsächlich hat die jeweilige Lage zwischen Meer und Gebirge, haben Klima, Geschichte, Arbeit, lokale Traditionen und die Teilhabe am Tourismus eine beispiellose Vielfalt auf engstem Raum entstehen lassen. Fast jede dieser Kommunen ist zudem von einem Kranz kleinerer Ortschaften oder Weiler umgeben, die zusammen mit Gehöften und modernen Siedlungen jenes einzigartige Panorama bilden, in das die Spuren der großen europäischen Geschichte eingeschrieben sind.

Die fremden Besucher haben nicht wenig dazu beigetragen, diese Landschaft zu prägen und weiterwirkende kulturelle Zeichen zu setzen. Ihnen gilt im Folgenden besondere Aufmerksamkeit. Die Costiera Amalfitana mit neuen und zugleich alten Augen zu sehen, ist das Ziel dieses Buches.

Und meine über vierzigjährige Verbundenheit mit dieser Landschaft sein Cantus firmus.

Positano, Ansichtskarte aus den 20er Jahren

Felsen und Fjorde
Landschaft der Extreme

Vom Meer aus

Die Küste von Amalfi, Costiera Amalfitana, ist eine spröde Landschaft. Auf keinem Weg kann man das besser erfahren als auf der klassischen und zugleich schönsten Route, auf der man sie aus dem Norden kommend erreicht: mit dem Schiff aus dem Golf von Neapel. Sobald man die freundliche Küstenlinie der Halbinsel von Sorrent mit ihrer sanften Hügellandschaft aus weichen Tuffsteinformationen passiert und das steil aus dem Meer aufragende Kap der Punta Campanella umschifft hat, ändert sich das Bild. Der Blick fällt auf kahle Kalksteinmassen, die manchmal fast senkrecht in die Tiefe abstürzen und in den heißen Sommermonaten mit ihrem stechenden Weiß das Auge blenden. Durchfurcht werden sie von schmalen, talartigen Einschnitten, deren Ursprung sich in großer Höhe verliert und die unten am Meer in kleineren oder größeren Buchten münden, die hier tatsächlich *fiordi*, »Fjorde«, heißen können, wie der tief und dunkel in den Felsen gekerbte Fiordo di Furore, auf dessen Grund ein paar halb verlassene Fischerhäuser vor sich hindämmern. Felsvorsprünge, in bizarren Formen ausgewaschen und mit breitlagernden Wachttürmen besetzt, markieren den Verlauf der Küste, Höhlen säumen die Wasserlinie, an deren scharfen Rändern sich aufschäumend die Wellen brechen.

Es ist eine abweisende Landschaft, die nicht für den Menschen geschaffen scheint, »atemberaubend« und »göttliche Küste« gewiss, aber schwerlich in jenem Sinn, in dem die Werbeprospekte sie preisen,[1] eher an jene

Urzeitlandschaften erinnernd, die immer wieder an das Geheimnis von Schöpfung und Welteroberung denken lassen. Und hat man die Fahrt von Punta Campanella im Westen bis nach Vietri im Osten hinter sich gebracht, dann hat man begriffen, dass an dieser rauhen, gedrängten Felsenküste, an der größere Flächen für Anbau oder Weidewirtschaft fehlen, die Zukunft der frühen Bewohner auf dem Meer liegen musste. Die Amalfitaner stünden, so sagt es ein Sprichwort, *con un pie' in barca, con l'altro in chiazza*, »mit dem einen Fuß auf dem Boot, mit dem anderen auf der Piazza«, wobei *chiazza* wörtlich zwar »Piazza«, im lokalen Dialekt jedoch jene kleinen Stückchen kultivierten Landes meint, wie sie auf dem abschüssigen Gelände zu jedem Bauernhaus gehören und sich noch heute zur subsidiären Versorgung vieler Familien großer Beliebtheit erfreuen.

Wetterbericht

Auch in ihren klimatischen Bedingungen ist die Costiera Amalfitana kein heiterer Landstrich, gehört nicht zu jener *Bella Italia*, wie man sie anderswo in den flachen Küstenzonen der Halbinsel oder in den Mittelgebirgen finden mag. Die steil in ihrem Rücken aufragende Bergkette der Monti Lattari, die im Monte Sant'Angelo bei Positano mit fast 1500 Metern ihre höchste Höhe erreichen, beschert ihr extreme Wetterverhältnisse mit häufig jähen Umschwüngen. Eine eiskalte Tramontana kann im schönsten Frühling über sie herfallen, sie mit scharfen, stechenden Böen peitschen. Ein Scirocco kann sie im Sommer mit feuchten, heißen Winden lähmen, kann rotbraunen Wüstensand aus der Sahara wie eine dunkle Decke über Häuser und Straßen legen. Sintflutartige Regenfälle verwandeln im Herbst die abschüssigen Wege in reißende Bäche, Hagel und Schneeschauer fegen im Winter über die Zitronenterrassen, die sich unter ihren schwarzen Plastiknetzen ducken. Von der See aufsteigende Nebel lassen an manchen Tagen die höher gelegenen

Ortschaften in den Wolken verschwinden. Und Gewitter können in den Nächten stundenlang in den Bergen hängen. Die Amalfiküste ist eine Landschaft der Extreme.

Dichterische Spiegelungen

Es wundert nicht, dass diese Küste über Jahrhunderte hinweg in ihren dichterischen und geistigen Spiegelungen als Landschaft des Dramatischen und Unheimlichen begriffen wurde. Einer ihrer Leitmythen ist die Erzählung von der *Herzogin von Amalfi,* der jungen Witwe Giovanna d'Aragona (1478–1510), die eine heimliche, nicht standesgemäße Liebschaft mit ihrem Haushofmeister eingeht und dafür von ihren Brüdern verfolgt und zusammen mit ihren kleinen Kindern in einem Turm gefangen gesetzt und elend zu Tode gemartert wird. Die Erzählung geht auf ein historisches Ereignis zurück und tritt mit der Novellensammlung von Matteo Bandello (1554) in die Literatur ein.[2] Hier wird das Motiv zu einem großen und bis in die Gegenwart lebendigen Thema auf dem europäischen Theater, in der Oper und im Roman.[3] In Amalfi selber knüpft sich die Erinnerung an das Geschehen an den Torre dello ziro, einen halbverfallenen Turm hoch über der Stadt, wo man die Bluttat lokalisierte.[4] Neben dem ebenso legendären Geburtshaus des neapolitanischen Aufrührers Masaniello im benachbarten Atrani, das man bereits im 17. Jahrhundert auswärtigen Besuchern zeigte,[5] hatte sich die entlegene kleine Stadt damit in Europa in der frühen Neuzeit die Aura eines unheimlichen Schauplatzes großer, tragischer Ereignisse erworben.

Dem folgt die populäre Erzählliteratur des 19. und 20. Jahrhunderts. In Francis Marion Crawfords Roman *With the Immortals* (1888) zieht sich ein Quartett exzentrischer Engländer zu spiritistischen Séancen in ein geheimnisvolles Schloss an der Amalfiküste zurück.[6] Okkulte Erfahrungen beschwört auch E. M. Forsters in Ravello spielende Erzählung *The Story of a Panic* (1904).[7] In jüngster Zeit hat der polnische Exil-Autor Gustaw Herling in seinen an der Costiera angesiedelten Erzählungen (1991) die Thematik der unheimlichen mediterranen Landschaft wieder aufgenommen.[8] Künstlerisch lebt sie in den expressionistischen Bildern von Carlo Mense oder Adolf Erbslöh weiter,[9] auch die experimentellen Perspektiven und Metamorphosen des niederländischen Graphik-Künstlers Maurits C. Escher sind von ihr inspiriert.[10] Und in der intellektuellen Debatte der 1920er Jahre kehrt sie als die Erfahrung des »unheimlichen«, des »gespenstischen« Positano wieder.

Katastrophen-Landschaft

Gefahren sehr realer Art gehen von der geomorphologischen Struktur der Costiera Amalfitana aus. Immer wieder kommt es hier zu Felsabbrüchen, zu Erdrutschen (den sogenannten *frane*) und Überflutungen (*alluvioni*), welche die kleinen Flussläufe aus den schmalen Bergtälern zu gewaltigen Wassermassen anschwellen lassen, die alles mit sich reißen. Im Oktober 1910 zerstörten nach längeren heftigen Regenfällen die Wasser- und Geröllmassen aus den Bergen den Fischerort Cetara; mehr als hundert Menschen kamen dabei ums Leben.[11] Im März 1924 kam es zu einer ähnlichen Katastrophe in Vettica Minore bei Amalfi; dabei wurden 61 Menschen mit ihren Häusern unter einer abgehenden Mure begraben.[12] Und im Oktober 1954 wurden die Küstenorte Maiori, Minori und Amalfi durch abgehende Schlammlawinen schwer getroffen, mehr als 300 Menschen fanden dabei den Tod.[13]

Die Schriftstellerin Marie Luise Kaschnitz, die Amalfi sehr geliebt hat, hat in ihrer autobiographisch getönten Erzählung *Die Frana* das Thema aufgegriffen: Ein von der Schönheit der Amalfiküste begeistertes junges Paar aus Deutschland möchte hier ein verlassenes Haus am Meer kaufen und muss dabei die Erfahrung machen, dass hinter dieser Schönheit die tödliche Bedrohung durch die Naturgewalten lauert, der Weg aus der Höhe der Zitronengärten »hinab in das Meer, in den Tod« führen kann.[14]

Auch heute gehören katastrophische Ereignisse kleineren oder größeren Ausmaßes zum Leben an der Amalfiküste. Kein Jahr vergeht ohne Geröllabbrüche oder Sturzfluten, zumeist ausgelöst durch schwere Regenfälle. Im September 2010 wälzte sich eine gewaltige Flutwelle des angeschwollenen Dragone-Bachs durch die Hauptstraße von Atrani, verwüstete die anliegenden Häuser und riss die 25-jährige Studentin Francesca Mansi, die in einer Bar an der Piazza als Kellnerin arbeitete, ins Meer; ihre Leiche wurde Wochen später an einem Strand der Liparischen Inseln gefunden. Und erst im Februar 2021 entging Amalfi nur knapp einer anderen Katastrophe: Die normalerweise vielbefahrene Autostraße von Positano nach Amalfi brach an einem Steilhang unmittelbar vor Amalfi auf einer Länge von etwa dreißig Metern ab;[15] drei Monate lang war die ohnehin fragile Infrastruktur der Küste blockiert, die Stadt aus den westlich gelegenen Ortschaften nur zu Fuß zu erreichen.

Umweltinitiativen weisen inzwischen darauf hin, dass die geomorphologisch bedingten Desaster durch sorglosen oder fahrlässigen menschlichen Umgang mit den vorhandenen Ressourcen noch verstärkt würden. Dazu gehören neben der ungenügenden Erhaltung der Terrassierung der Kulturlandschaft die im Hochsommer häufigen und vermutlich nicht selten durch Menschen verursachten Waldbrände.[16] Präventivmaßnahmen sind schwer in die Wege zu leiten, an zahlreichen gefährdeten Stellen sind die felsigen Steilwände mit Stahlnetzen gesichert, an anderen versucht man, Wasserläufe zu kanalisieren – Warnungen vor einer *frana* gehören dennoch zu den alltäglichen Verkehrsmeldungen.

Kein Zweifel, die Costiera Amalfitana ist eine der am stärksten gefährdeten Siedlungslandschaften in Europa, eine Landschaft in ständiger Bewegung.

Arbeit von Jahrhunderten. Die Kunst der Terrassierung

Dass diese Landschaft werden konnte, was sie ist, eine fruchtbare, eine schöne Landschaft, vielleicht eine der schönsten in Europa, verdankt sie einer agrikulturellen Technik, die ihre Gestalt und ihre Funktion radikal verändern sollte: der Kunst der Terrassierung. Es waren vermutlich die Araber, die im hohen Mittelalter diese Technik der »hängenden Gärten« aus dem Orient in den Mittelmeerraum einführten, zusammen mit der Kultur der Agrumen, also der Limonen (arabisch *laimun*) und Orangen (arabisch *narang*). Die Terrassierung der steil zum Meer abfallenden Hänge umfasste dabei ein komplexes System der Transformation, das zugleich mit der Entwicklung neuer handwerklicher Praktiken zu neuen kooperativen Formen des Wirtschaftens und des sozialen Lebens zwang. Die notwendige Bewässerung (*irrigazione*) der Terrassen erforderte die Anlage eines hydrogeologisch ausgeklügelten Systems, mit dem das Wasser von den verstreut in den Bergen gelegenen Quellen über ein verzweigtes Netz von Kanälen, Staubecken (*peschiere*) und Zisternen so zu Tal geleitet wurde, dass jede Terrasse zu ganz bestimmten Stunden der Woche mit Wasser versorgt wurde. In vorwiegend landwirtschaftlich genutzten Arealen funktioniert das System noch immer, auch wenn die früher offenen Kanäle inzwischen durch Rohrleitungen ersetzt worden sind. Die ihnen »seit jeher« (wie die Bauern sagen) zustehenden Wasserrechte sind inzwischen im Kataster verbrieft, ebenso wie die nicht minder komplizierten Wegerechte, die in dem verwinkelten Zusammenspiel von Terrassen, Treppen und Wegen den Zugang zum eigenen Grundstück regeln.

Großes handwerkliches Geschick erforderte der Bau der Terrassen selber. Sie bestehen aus leicht schräg zum Berg hin aufgeführten Trockenmauern (*muri a secco*, im Dialekt *macere* genannt), die aus ungleichen Feldsteinen und ohne Mörtel gearbeitet sind und so die Diffusion der Feuchtigkeit ermöglichen. Schmale Treppchen verbinden sie von oben nach unten. Noch heute kann man, etwa bei Ausbesserungsarbeiten an beschädigten oder eingebrochenen Terrassen, voller Bewunderung beobachten, mit welcher Geduld und Geschicklichkeit diese Arbeiten ausgeführt werden – nicht etwa von Spezialisten, sondern von den Anwohnern selber, die sich, wenn man sie fragt, dann gern auf eine »alte Technik« berufen, die man eben beherrsche.

Mit der Terrassenkultur ist eine besondere Form des kleinteiligen bäuerlichen Wirtschaftens verbunden, die technische Modernisierungen kaum zulässt. Mit dem Pflug kann man wenig ausrichten, das wichtigste Arbeitsinstrument ist noch immer die angewinkelte Hacke (*zappa*), wie sie bereits in der Antike bekannt war. Der begrenzte Raum, »Fußbreit Erde über dem Abgrund« (Stefan Andres),[17] zwingt zu einer optimalen Nutzung des Bodens, häufig in übereinanderliegenden Kulturen: Am Boden wachsen Auberginen, Zucchini, Zwiebeln oder andere Gemüse, etwa die in der Gegend beliebten Kartoffeln, in der Mitte die unverzichtbaren Tomaten und in der Höhe ranken Weinreben. Ihre Kleinteiligkeit macht die Terrasse zugleich zum idealen Betätigungsfeld für Gärtner im subsidiären Nebenerwerb, vor allem in den Monaten außerhalb jener »Saison«, die durch den Tourismus bestimmt wird.

Stärker in den Blick fallen die Terrassen mit Zitronen- oder Orangenkulturen. Die Bäume stehen unter einem hölzernen Stangengerüst (*pertica*) aus lokalem Kastanienholz, das in der Regel von Oktober bis Mai gegen Hagel und Schnee mit schwarzen oder grünen Schutznetzen abgedeckt ist. Das verstärkt in den Wintermonaten den Eindruck, dass diese Landschaft eine von Menschenhand gemachte, eine »Kunst«-Landschaft ist, die beständiger Zuwendung bedarf.

Entstanden ist durch die Kunst der Terrassierung ein Landschaftsbild, das die Küste von Amalfi mit ihren abschüssigen Steilhängen in eine freundliche Garten- und Siedlungslandschaft verwandelt hat, die, sieht man sie vom Meer oder aus der Höhe, durch ihre kleingemusterte, variable Struktur das Auge entzückt und immer wieder neue, überraschende Bildsequenzen entstehen lässt. Es ist ein Panorama, wie es bereits Boccaccio in einer der Novellen seines *Decamerone* gezeichnet hat, ein Küstenstrich »wol besetzet mit cleinen schönen Stetten, lustigen Gerten, frischen Brunnen und fliessenden Wasseren« (wie es in der ältesten deutschen Übersetzung des Werks von 1519 heißt).[18] Und wie diese Küste seither unzählige Male gesehen und beschrieben worden ist.

Die Bewohner der Costiera bezeugen auf ihre Weise dem gewaltigen Projekt der Terrassierung Respekt. In der rund 300 Meter hoch am Berg gelegenen Ortschaft Furore erzählt man sich, die Erde in den Terrassen sei von weither, vielleicht aus Afrika, an die Küste gekommen und von den Vorfahren in Körben auf dem Rücken vom Hafen nach oben getragen worden.[19] Es ist eine Geschichte, die das Märchenhafte streift, das schier unfassbare Wunder des Landschaftsbildes in die Worte einer Ursprungserzählung kleidet. Und zugleich die Erinnerung an die generationenübergreifende menschliche Arbeit wachhält, die in dieser Landschaft steckt.

Die Terrassierung war und ist jedoch nicht nur die Grundlage des lokalen bäuerlichen Lebens und Wirtschaftens, sie ist zugleich, in einem perfekten Zusammenspiel von Agrikultur und Ökologie, eine gleichsam natürliche Form des Landschaftsschutzes. Denn die Terrassen speichern die Feuchtigkeit und verlangsamen den ungebremsten Abfluss des Wassers an der Steilküste. Wird ihre Pflege vernachlässigt, verwildern sie oder rutschen sie ab, kann das Umweltschäden begünstigen oder provozieren, die zu katastrophischen Ereignissen wie den oben beschriebenen führen können. In diesem Sinne bleibt die Küste von Amalfi eine gefährdete Landschaft, die beständige Pflege erfordert.

Und schließlich ist die Terrasse an der Amalfiküste noch mehr als dies alles: Als Bestandteil der Architektur des Hauses, des bäuerlichen ebenso wie des modernen, ist sie Lebensraum. Und wiederkehrendes Element bei der Gestaltung von Plätzen, von Kirchen, von Parks oder von Aussichtspunkten, die bereits mit dem Namen *Belvedere* dem »schönen« Blick in die Landschaft huldigen. Dabei ist vor allem die häusliche Terrasse die perfekte Synthese von Drinnen und Draußen, einer jener »porösen« Orte, wie sie Walter Benjamin hier im Süden entdeckt hat.[20] Zahlreiche »häusliche« Tätigkeiten finden hier statt, unter offenem Himmel. Auf ihr wird gekocht und gegessen, gewaschen und gebügelt, gefeiert und geruht, sie ist Arbeitszimmer

Terrassenlandschaft (Pontone)

und Proszeniumsloge, von der aus sich Blicke und Worte mit anderen Blicken und Worten kreuzen. Wenn der Balkon im Norden Europas nur die Intimität des Hauses ins Freie verlängert, so ist die Terrasse im Süden eine vitale Begegnungsstätte von Innen- und Außenwelt. Und sie ist ausgestreckte Hand ins Blau des Himmels und des Meeres. Oder in deren nächtliches Schwarz, wenn jene Terrassengedanken aufleuchten, die dem Alltäglichen nahe sind und doch das Ewige streifen.

Oben und Unten. Die vertikale Landschaft

Charakteristisch für die Küste von Amalfi ist schließlich deren vertikale Struktur. Das zeigt bereits die politische Gliederung der Ortschaften. Man sollte vermuten, dass ihre einzelnen Teile (*frazioni*, »Fraktionen«, oder *borghi*, »Weiler«, wie sie hier heißen) räumlich nebeneinanderliegen; tatsächlich liegen sie über- beziehungsweise untereinander. So gehört etwa das unmittelbar neben der Kommune Atrani an der Küste gelegene Castiglione nicht etwa zu Atrani, sondern zur fünf Kilometer weit entfernten, 350 Meter hoch am Berg gelegenen Kommune von Ravello. Umgekehrt »münden« etwa die Berg-Kommunen von Conca und Furore an der Marina di Conca beziehungsweise dem Fiordo di Furore ins Meer. Eine politische Landkarte ihrer kommunalen Gliederung würde die Costiera in vertikalen Zebrastreifen zeigen. Das hat natürlich alte wirtschaftliche Ursachen, auch die Bewohner der Bergkommunen gingen zum Fischfang, wollten Zugang zum Meer haben.

Der vertikalen Struktur folgt die traditionelle Anlage der Verkehrsverbindungen. Bis heute führen zahlreiche, mehr oder weniger gut erhaltene Treppenwege (*sentieri*) mit Hunderten von Stufen (*gradini*) von den Siedlungen auf den Bergen hinunter zum Meer. Sie waren früher die einzigen Verbindungen von oben nach unten, die aktuellen Straßen sind neueren Datums. So wurde beispielsweise die Straße von Amalfi nach Pogerola erst 1949 angelegt, bis dahin war das Dorf nur über einen Treppenweg mit mehr als 1000 Stufen zu erreichen. Der kleine Ort Nocelle, in über 400 Metern über Positano gelegen, wurde sogar erst 2002 an das Straßennetz angeschlossen.

Horizontale Querverbindungen längs der Küste spielten hingegen früher nur eine geringe Rolle. So verband etwa die (teilweise noch begehbare) *Via maestra dei villaggi* (wörtlich die »Hauptstraße der Dörfer«) die Ortschaften westlich von Amalfi. Auf die Verknüpfung alter

Treppenlandschaft (Vallone Cieco)

Horizontal- und Vertikalverbindungen geht ein Pfad zurück, der seit einiger Zeit bei Wanderern unter dem Namen »Weg der Götter« (*Sentiero degli dei*) bekannt geworden ist.

Treppen verbinden Unten und Oben, und in der Tat ist die Treppe (*scala*) nächst der Terrasse das zweite charakteristische Architekturelement der Costiera Amalfitana. Selten geworden im Erscheinungsbild der Häuser ist die traditionelle Außentreppe in das obere Stockwerk (*scala esterna*), die gleichzeitig der Erdbebenprävention diente. Aber immer noch sind Treppen und Treppenwege die unverzichtbaren Verbindungen innerhalb der würfelförmig übereinander gebauten Häuser in den Ortschaften, die sich, ebenfalls der Senkrechten folgend, an die steilen Hänge schmiegen. Unterwegssein heißt hier Treppensteigen. Das gilt in besonderer Weise für Positano. »Wenn man einen Freund besucht, geht man nicht, sondern man klettert entweder hinauf oder man rutscht hinunter«, schrieb John Steinbeck nach dem Besuch der Stadt.[21] Und der französische Schriftsteller Roger Peyrefitte sah die Landschaft der Costiera insgesamt als Treppenlandschaft – »die weißen Häuser, die Türme, Kastelle, Palazzi, die nackten Felsen hingebreitet über die abschüssigen Hänge, als wären sie Leitern zum Paradies«.[22] Die berühmte Domtreppe von Amalfi – eine *scalinata*, keine einfache *scala* – ist die Apotheose dieses Gedankens, eine Himmelsleiter. Das Dorf Scala oberhalb von Ravello trägt den Namen der Leiter oder der Treppe (das Italienische unterscheidet hier nicht) sogar in seinem Ortsnamen. Lebenszeiten an der Amalfiküste sind nicht nur »Terrassenzeiten«, wie sie Stefan Andres im Exil in Positano genannt hat,[23] sie sind auch Treppenzeiten, Zeiten eines beständigen Auf und Nieder.

Der Gegensatz von Unten und Oben, von *mare e terra* bestimmt überdies die Kultur- und Sozialgeographie des Raums. Das beginnt bereits beim Klima. In Minori unten am Meer beispielsweise (dem wichtigsten Ort für den Zitronenanbau) sind die Temperaturen in der Regel rund fünf Grad höher als in dem 350 Meter darüber gelegenen Ravello. »Unten« können dann vielleicht schon die Mandelbäume blühen, während es »oben« noch empfindlich kalt ist – der große Historiker des Mittelmeers, Fernand Braudel, hat in diesem Zusammenhang vom »vertikalen Norden« gesprochen.[24] Umgekehrt hat es die geschützte Höhenlage von Tramonti, dem Ort »zwischen den Bergen«, ermöglicht, dass hier eine beachtliche Kultur des Weinbaus entstehen konnte.

Den Klimaverhältnissen folgt die Architektur. In den Küstenzonen dominiert die »mediterrane« Bauweise der Häuser mit dem kubischen Grundriss und dem gewölbten Dach, der *volta estradossata*. In den Höhenlagen stößt man hingegen immer wieder auf das »nördliche« Giebeldach – nicht selten haben sich Reisende hier an die vertraute Schweiz erinnert gefühlt.

Unten und Oben bestimmen nicht zuletzt die Lebensweise der Menschen an der Amalfiküste, trotz fließender geographischer Grenzen und fortschreitender struktureller Globalisierung.

Dabei bemisst sich der für den Mittelmeerraum geradezu klassische Unterschied von Stadt und Land, *città* und *campagna*, an der Amalfiküste weniger durch Lage oder Einwohnerzahl als durch die jeweilige Teilhabe am Tourismus, der wirtschaftlichen Haupterwerbsquelle der Region. Zwar sind Dörfer wie etwa Torello, Pontone oder Polvica längst urbanisiert, aber es gibt in ihnen keinen nennenswerten Fremdenverkehr, zu abgelegen sind sie von den in Mode gekommenen Destinationen. Noch immer spielen in solchen Ortschaften landwirtschaftliche Nebentätigkeiten eine wichtige Rolle, obwohl deren Bewohner die Hälfte des Jahres als Kellner oder Rezeptionistinnen in einem der großen Hotels in Amalfi oder Positano arbeiten mögen. Noch immer wird hier vielfach im Herbst der Wein gekeltert, werden im Frühjahr die Tomaten angepflanzt und im Spätsommer eingekocht und in Flaschen gefüllt. Die bäuerliche Arbeit steht hier hoch im Kurs, die

Arbeit überhaupt. *Son' proprio contadino*, »Ich bin doch eigentlich Bauer«, sagt Giuseppe, studierter kommunaler Angestellter in Amalfi, wenn man ihn am Wochenende in seinem Garten in Pogerola trifft. Und »Ich habe mein ganzes Leben lang gearbeitet«, bemerkt Raffaella in Pestrofa, einem Weiler oberhalb von Pontone, wenn sie nach dem Füttern der Hühner mit leichter Missbilligung auf ihre aus der Stadt heraufgezogenen neuen Nachbarn blickt, die vor dem Haus auf Liegestühlen in der Sonne träumen. Stadt und Land, »Unten« und »Oben« begegnen sich an der Amalfiküste beständig.

Ganz oben

Und dann gibt es noch jenes »ganz Oben« der Costiera, die unbesiedelten, mit Kastanien- und Steineichenwäldern bestandenen Höhenlagen, darüber die kahlen Gipfel der Monti Lattari, der »Milchberge«. Früher befanden sich hier die Schneegruben, die im Winter angelegt wurden und aus denen man im Sommer das kostbare gefrorene Weiß in die Städte transportierte. Jetzt ist es eine fast menschenleere Region, gelegentlich kann man noch Hirten mit ihren Schaf- und Ziegenherden begegnen. Oder besonderen Menschen, die sich aus der Gemeinschaft der anderen zurückgezogen haben und in der Einsamkeit ihr eigenes Leben führen wollen.

Nur im Herbst wird es hier oben lebendig, am Rand der Kastanienwälder. Dann kommen die Menschen aus den Dörfern, um die braunen Früchte zu ernten, die über viele Jahrhunderte zum Grundbedarf der Ernährung an der Costiera gehörten und noch immer beliebt sind.

»Ganz oben« sind auch die kleinen Kapellen und verfallenen Klöster, die inzwischen manchmal von Initiativen meist jugendlicher Idealisten gepflegt und unterhalten werden. Einmal im Jahr, am Fest des betreffenden Heiligen, werden sie Ziel einer lokalen Wallfahrt, die Bewohner der benachbarten Ortschaften wandern hinauf, die Messe wird gelesen, man lagert sich rings um die Kirche, isst zusammen, unterhält sich, am Abend wird ein Feuer entzündet, alte, »unten« längst vergessene Rituale und Tänze leben auf. Anschließend versinkt der Ort wieder für zwölf Monate in der Einsamkeit der Berge.

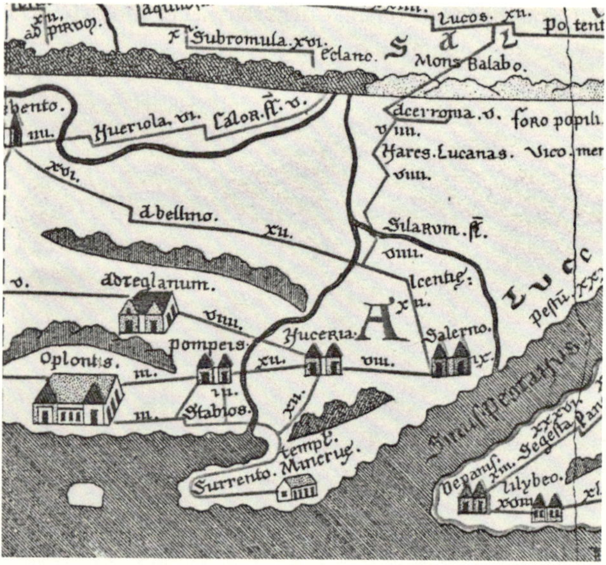

Tabula Peutingeriana, Ausschnitt

Im Schatten des römischen Imperiums
Die Küste der Sirenen

Am Kap der Minerva

Der Küstenabschnitt, den wir heute als Amalfiküste kennen, war in der Antike ein weißer Fleck auf der Landkarte. Die Tabula Peutingeriana, eine Karte des Römischen Reichs aus dem 4. Jahrhundert n. Chr., verzeichnet zwar die sorrentinische Halbinsel sowie die Straße, die an ihrer Nordseite nach Sorrent und dann weiter führt bis zum Ausläufer des Golfs von Neapel. Die Südseite zum *Sinus Paestanus*, dem Golf von Paestum, bleibt allerdings leer, nur die Monti Lattari sind mit dem Symbol für »Gebirge« vermerkt. Erst in Salerno beginnt wieder die Zivilisation, mit einer Stadt, die an das römische Straßennetz angeschlossen ist.

Die landschaftlichen Unterschiede zwischen dem Norden und dem Süden der Halbinsel, dem *Surrentinum Promunturium* (Tacitus),[1] wie sie noch heute ins Auge fallen, markierten in der Antike eine kulturelle Bruchlinie. Der Golf von Neapel gehörte zur fruchtbaren Landschaft der Campania felix, vielgepriesene Luxusregion der römischen Eliten, deren Villen die Küstenlinie vom Kap Misenum bis zum Kap Minerva säumten.[2] Die Steilhänge der heutigen Amalfiküste hingegen waren dicht bewaldet, ein Teil jener wilden Natur, wie sie römischem Landschaftsempfinden zuwider war. An dem schwer zugänglichen Küstenabschnitt gab es kaum bequeme Landeplätze für die Anlage von Häfen und Ortschaften. Nur wenige wagten es, sich hier niederzulassen, jenseits des Kaps.

Dieses Kap heißt heute Punta della Campanella, in Erinnerung an die Alarmglocke (*campanella*), die von dem mittelalterlichen Wachtturm geläutet wurde, wenn Seeräuber, meist nordafrikanischer Herkunft, die Gegend unsicher machten, was noch bis in die Zeit des frühen 19. Jahrhunderts geschehen konnte. Es ist ein kahler, von der Sonne verbrannter Ort, an dessen Klippen sich die Wogen der beiden so unterschiedlichen Golfe aufschäumend begegnen. Nach antiken Überresten sucht man vergeblich, nur eine in den Fels gehauene Treppe zum Meer dürfte bereits antiken Ursprungs sein. In römischer Zeit befand sich an dieser Stelle ein Tempel der Minerva (Athene), auch die römische Karte verzeichnet ihn. Hier, am *Minervae Promunturium*,[3] brachten die Seeleute der Göttin ein Trankopfer mit Wein für eine sichere Reise dar, wenn sie die vertraute Welt des Golfs von Neapel verließen, dankten in ähnlicher Form für glückliche Heimkehr.[4] Der Sage nach gründete Odysseus den Tempel, Tatsache ist, dass (wie archäologische Funde zeigen) seine Ursprünge auf ein griechisches Athenaion, ein Athene-Heiligtum, zurückgehen und sich zuvor an gleicher Stelle bereits eine Kultstätte der Osker, der süditalischen Urbevölkerung, befunden hatte.[5] Minerva-Athene war hier nicht die Göttin der Weisheit, sondern alte schützende Mutter-Figur.

Das Meer des Odysseus

Ihre Verehrung galt der Abwehr einer Gefahr, die in der Welt des Numinosen ebenfalls weibliche Züge trug: der Sirenen. Ihr Kult, vielleicht der noch ältere, war auf der sorrentinischen Halbinsel verbreitet, die daher in der Antike auch »Vorgebirge der Sirenen« hieß.[6] Die antike Geographie verzeichnete kurz hinter dem Kap »drei unbewohnte felsige Inseln genannt die Sirenen«.[7] Sie gehören heute zur Kommune von Positano, heißen Li Galli (»Die Hähne«) und tragen damit noch in ihrem Namen die Erinnerung an die geflügelten Meermonster.[8] Bereits in der Antike galten sie als Schauplatz des berühmten Abenteuers, das Odysseus auf seiner Fahrt vom Kap der Zauberin Kirke zu den Phäaken auf Sizilien zu bestehen hatte. Seitdem pflanzt sich dieser Mythos fort, hat aus dem Meer rings um das Kap der Minerva das Meer des Odysseus und der Sirenen gemacht, »ein altes griechisches Meer«, wie es nicht nur Rilke nannte,[9] der von der gegenüberliegenden Insel Capri aus die Punta Campanella noch in antikischer Südlichkeit schimmern sah:

Siehst du wie das Vorgebirge dort
sich entfaltet: seine Hänge geben
Glanz von sich, als führen sie noch fort,
den Athene-Tempel hinzuheben
In den Götterhimmel Griechenlands –.[10]

Das Kap der Punta Campanella, das Entrée zum Golf von Salerno und damit zur Costiera Amalfitana, ist in der Tat ein archaischer Welt-Ort, mobilisiert noch immer historische Phantasien. Denn das Vorgebirge markierte einst eine der wichtigsten und zugleich riskantesten Schiffspassagen der Antike: die relativ schmale und strömungsreiche Meerenge zwischen der Insel Capri und dem Festland, auf modernen Seekarten als Bocca Piccola verzeichnet. Wer zu Schiff und (wie meist üblich) längs der Küsten zwischen dem westlichen und dem östlichen Mittelmeer (oder umgekehrt) unterwegs war, musste hier durch, wo »weithin rauh von beständiger Brandung hallte das Felsriff«, wie es in Vergils *Aeneis* heißt, als Aeneas mit seinen Troern das Kap umschifft, um zunächst in Cumae zu landen und später Rom zu gründen.[11]

In römischer Zeit und mit wachsendem Verkehr zwischen Westen und Osten gewann die Bocca Piccola besondere Bedeutung. In Puteoli, dem heutigen Pozzuoli lag Roms wichtigster Hafen, in Misenum war die Flotte stationiert. Ein Leuchtturm »heller als der Mond« auf der östlichen Spitze der Insel Capri sicherte die Durchfahrt.[12] Die großen Getreideschiffe aus Sizilien oder Ägypten zur Versorgung der Millionenstadt passierten hier ebenso wie die Seestreitkräfte oder die Kunsttransporte aus der griechischen Welt. Und neue, weltverändernde Ideen, meist aus östlicher Richtung kommend, nahmen diesen Weg. Im Frühjahr des Jahres 61 oder 62 kämpfte sich ein maltesisches Schiff durch die Meerenge, an Bord ein römischer Gefangener mit Namen Paulus. Die Punta Campanella ist ein historischer Ort, obwohl es dort nichts zu sehen gibt.

Auch später sollte die Bocca Piccola ihre Schrecken nicht verlieren. Als sie Goethe, aus Sizilien kommend, im Mai 1787 passierte, drohte das durch eine Flaute manövrierunfähig gewordene Schiff von der Strömung an die Klippen der Insel Capri geworfen zu werden.[13] 1860 machte Alexandre Dumas auf seinem Schnellsegler die gleiche Erfahrung.[14] Und bis heute kursieren zahllose Geschichten über ungeahnte gefährliche Situationen rund um das Kap – die Einfahrt in den Golf von Salerno mit der Küste von Amalfi und den Inseln der Sirenen kann immer noch ein Wagnis sein.[15]

Versunkener Luxus. Römische Villen an der Costiera

Dass es bereits in römischer Zeit Ansiedlungen an der heutigen Amalfiküste gegeben hat, findet erst seit einiger Zeit größere Aufmerksamkeit. Archäologisch oft unzureichend erschlossen, zeigen sie, dass es Menschen gegeben haben muss, die sich nicht in den dicht besiedelten Regionen rings um Neapel niederlassen wollten, sondern an der einsamen Steilküste jenseits des Kaps. Besonders deutlich wird das in der Anlage der Villa Romana in Minori aus dem 1. Jahrhundert n. Chr., die 1932 bei Umbauarbeiten eines modernen Gebäudes gefunden wurde – die Anwohner hatten zuvor Teile des Ambientes vielfach als Keller- und Lagerräume genutzt. Die Villa lag unmittelbar am Meer, an der Mündung eines kleinen Flusses, und entsprach in ihrer eleganten Ausstattung durchaus dem, was wir aus Herkulaneum oder Pompeji kennen. Ihr Zentrum bildete ein zum Meer hin offenes, von Wasser durchströmtes

Nymphäum, das als Speise- und Ruheraum (Triclinium) genutzt werden konnte. Auch das zentrale Bodenmosaik mit Meernymphen und einem marinen Ungeheuer (*toro marino*) verweist auf die Bedeutung, die das Meer für ihren Besitzer gehabt haben muss. In der Mitte einer Grünanlage, die auf drei Seiten von einem Säulengang eingefasst war, lag ein geräumiges Schwimmbecken (*piscina*). Und auch eine Thermenanlage war natürlich vorhanden, dieser römische Villenluxus durfte nicht fehlen.

Erst vor kurzem in den Kellerräumen eines Wohngebäudes nachgewiesen wurden die Reste einer römischen Meer-Villa in Amalfi.[16] Auf eine andere, in Positano, war bereits um die Mitte des 18. Jahrhunderts der damalige Leiter der Ausgrabungen in Herkulaneum, der Schweizer Carlo Weber, aufmerksam geworden. Jüngste Ausgrabungen (2004–2016) haben dort neben einer Reihe von Gebrauchsgegenständen einen prachtvoll mit Fresken im sogenannten vierten pompejanischen Stil ausgeschmückten Raum ans Licht gebracht.[17] Die Villa stammte aus dem ausgehenden 1. Jahrhundert v. Chr., lag in leicht erhöhter Position über dem Meer und gehörte vermutlich einem vermögenden Freigelassenen namens Posides, auf den sogar der Name der Stadt zurückgehen könnte. Die Anlage erlitt ein ähnliches Schicksal wie die Städte am Vesuv: Bei dessen Ausbruch im Jahre 79 wurde sie durch die Lapilli-Niederschläge der Eruptionswolke und eine nachfolgende Schlammlawine aus den Bergen verschüttet.[18]

Es ist nicht leicht, sich Leben und Verkehr in diesen luxuriösen, aber isoliert gelegenen Meer-Villen vorzustellen, die, anders als etwa in den berühmten Badeorten in Baiae, in Pompeji oder in Sorrent, ohne eine umgebende urbane Infrastruktur auskommen mussten und vermutlich nur zu Schiff erreichbar waren. Noch dramatischer wird diese Vorstellung angesichts der Tatsache, dass eine weitere römische Villa auf einer der drei Galli-, also der alten Sirenen-Inseln gefunden wurde, einem winzigen, schroffen Felseneiland vor der Küste. Die Villa stammt ebenfalls aus der frühen römischen Kaiserzeit, in der es in Mode gekommen war, sich an abgelegenen Orten zu etablieren, wie es ganz in der Nähe Kaiser Tiberius mit seinem Rückzug auf die Insel Capri vorgeführt hatte.[19] Der Besitzer der Villa auf dem heute Gallo Lungo genannten Inselchen hat diese Sitte offenbar ins Extreme getrieben. Und da an der Amalfiküste wie überall im Süden viele Geschichten erzählt werden, deren Wahrheitsgehalt sich in der Aura des Wahrscheinlichen verliert, fällt es nicht schwer, sich diesen Mann als einen Tiberius Minor zu denken, einen Tiberius *en miniature*, der dem Kaiser nacheifern wollte, ein Flüchtling aus den Zentren der Zivilisation und dem Leben der Eliten, der aber dennoch (wie die Anlage zeigt) auf die Annehmlichkeiten eines solchen Lebens nicht gänzlich verzichten wollte.[20]

Stümpfe, Säulen, Sarkophage
Die Kultur der Wiederverwendung

Freilich ist die Antike an der heutigen Amalfiküste nicht nur an einigen wenigen Ausgrabungsorten präsent. Mit offenen Augen kann man ihr auf Schritt und Tritt begegnen: Antike Fundstücke sind auf vielfältige Weise hierhergekommen und auf ebenso vielfältige Weise in das private und das gemeinschaftliche Leben der Menschen integriert worden. Und dies auf einem Weg, der klare Bestimmungen zu Herkunft, Charakter oder Alter der antiken Stücke (die Archäologen sprechen von Spolien) meist nicht mehr möglich macht. Denn seit Jahrhunderten sind sie Teil dessen, was im Süden *cultura del riuso* heißt, »Kultur der Wiederverwendung«, ein Begriff, der heute eine ökologische Nuance bekommen hat.

Viele dieser Funde wurden vor Ort gemacht. So stammen etwa verschiedene Säulen und Pfeiler längs der Marina von Positano sowie diverse dekorative Bauteile im Stadtbild vermutlich aus älteren Ausgrabungen der dortigen römischen Villa.[21] Zahlreiche Unterwasserfunde, die (zum Teil von privaten Tauchern, zum Teil im Rahmen von archäologischen Kampagnen) in den 1960er Jahren zwischen Praiano und den Galli-Inseln gemacht wurden, werden im kleinen Museum der Villa Romana in Minori aufbewahrt. Sie umfassen vor allem Amphoren, Dolien und andere keramische Vorratsgefäße für Wein und Korn aus dem gesamten Zeitraum vom 6. vorchristlichen bis zum 6. Jahrhundert nach Christus und bezeugen damit eindrucksvoll die zahlreichen Schiffsunglücke, die sich gerade an diesem Küstenabschnitt ereignet haben, für dessen Gefährlichkeit ja der Mythos der Sirenen-Inseln stand.[22]

Bei den meisten antiken Resten im öffentlichen Erscheinungsbild bleibt die Frage nach der Herkunft allerdings offen. Unübersehar sind die prachtvollen Säulen griechischen und römischen Ursprungs nicht nur in den größeren Kirchen der Costiera.[23] Man erzählt gern von ihrer Herkunft aus Paestum, und wenn man die Ausdehnung dieser griechisch-römischen Stadt auf der anderen Seite des Golfs gesehen hat, die seit dem 7. Jahrhundert als ein gigantisches Materialreservoir diente, kann man sich das gut vorstellen. Auch im Inneren mancher Palazzi haben solche Säulen oder Säulenteile als tragende oder dekorative Elemente Verwendung gefunden. Architrave oder Teile derselben wurden gern in Portale eingearbeitet, in zahlreichen Kirchen haben römische Sarkophage in verschiedenen Funktionen, vor allem aber römische Aschenurnen als Weihwasserbecken überlebt.[24]

Weniger auffallend sind Spolien, die funktional oder schlicht zu dekorativen Zwecken in gewöhnliche Mauern und Hausfassaden, in Portale, Fensterstürze oder Brunnen eingearbeitet wurden, selbst als schlichten Prellsteinen vor Hauseinfahrten kann man antiken Säulenstümpfen begegnen. So hat die Antike, transformiert ins Alltägliche, an der Costiera auf höchst praktische Weise überdauert.

Li Galli. Inseln im Wind und ein Vorposten der Moderne

Die drei Galli-Inseln, an die sich der Mythos der Küste der Sirenen geheftet hat, lagen in nachantiker Zeit im Schatten der großen Geschichte. Im Jahr 1038 wurde dort der von seinem Bruder entmachtete und geblendete Doge von Amalfi, Manso II., gefangen gesetzt.[25] Um 1300 wurden sie mit einem Wachtturm und anderen Befestigungsanlagen Teil des Verteidigungssystems der Küste. Das erforderte natürlich die Anwesenheit eines Kastellans, auch ein Einsiedler lebte dort zeitweise, ansonsten blieben die Inseln unbesiedelt, galten als Schlupfwinkel von Schmugglern und Korsaren.[26] Als der englische Entdeckungsreisende Henry Swinburne 1777 dort landete und das Gelände untersuchte, konnte er sich des praktischen (und sehr britischen) Gedankens nicht erwehren, dass selbst auf diesem leeren Fleckchen Erde einige Familien ein hinlängliches Auskommen finden könnten.[27]

In den zwanziger Jahren des 20. Jahrhunderts fanden dann die alten Sirenen-Inseln erneut einen Liebhaber, der, ähnlich wie sein Vorgänger aus altrömischer Zeit die Einsamkeit suchte. Es war der russische Tänzer und Cho-

Li Galli, Radierung, 1835

reograph Léonide Massine.[28] Nach einem Auftritt seines Ensembles *Ballets Russes* in Neapel 1917 hatte er Michail Semenov[29] in Positano besucht, dort die Inseln entdeckt und sie durch die Vermittlung des Freundes 1922 erworben. Mit Unterstützung des Architekten Le Corbusier errichtete er auf den antiken Ruinen des Gallo Lungo eine neue Residenz und ließ das 2000 Jahre lang verwaiste Miniatur-Archipel über viele Jahre hinweg rekultivieren: Der römische Anleger und die Zisterne wurden erneuert, der mittelalterliche Wachtturm ausgebaut, Teile des Geländes terrassiert und mit Reben und Obstbäumen bepflanzt. Mit dem kühnen Plan eines zum Meer hin offenen Amphitheaters als Probe- und Veranstaltungsort kam die römische Antike wieder ins Spiel. Ein künstlerisches und intellektuelles Zentrum für junge Talente sollte entstehen, das Maler, Komponisten, Schriftsteller, Tänzer und Choreographen zu gemeinsamer Arbeit zusammenbringen sollte – einer der großen Projektentwürfe der Moderne. Zu den prominenten Besuchern gehörte der Komponist Paul Hindemith, der mit Massine hier im Sommer 1937 an einer Ballettmusik arbeitete.[30] Die alten Sirenen-Inseln sollten damit zum Schauplatz des ersten von mehreren künstlerischen Zentren werden, wie sie, bis heute, von kreativen Geistern aus ganz Europa an der Amalfiküste gegründet (oder auch nur erträumt) wurden.[31]

Nach Massines Tod kamen die Galli-Inseln 1988 für wenige Jahre in den Besitz des Tänzers Rudolf Nurejew, der sich, bereits schwer krank, dorthin gelegentlich zurückzog.[32] Nach seinem Tod 1993 wurden sie von der Nurejev Foundation an einen privaten Makler verkauft.[33] Seither sind sie für das Publikum gesperrt, aber als Luxus-Inselresidenz temporär zu mieten.[34] Damit zeichnen die alten Sirenen-Inseln einen Weg vor, den nicht wenige Lokalitäten an der Amalfiküste gegangen sind und immer noch gehen: Einsamkeit und Schönheit können inzwischen viel Geld kosten.

Sant' Andrea, genannt *'o viecchio*, der Alte, beim Patronatsfest in Amalfi, 2018

Orient und Okzident
Die Seerepublik von Amalfi und das mittelalterliche Europa

Die Gründung, eine Flüchtlingsgeschichte

Natürlich hat eine Stadt wie Amalfi eine Gründungslegende. Lesern deutschsprachiger Chroniken und Reisebeschreibungen der frühen Neuzeit begegnete sie, immer wieder neu aufgelegt, in folgender Form:

> *»Von dem Ursprung [der Stadt Amalfi] vermeldet man folgendes: Nachdem das Keyserthum von Rom nach Constantinopel verlegt worden, welchem dahero der Nahme des neuen Roms zugediehen, folgten im Jahr 339 sehr viele Römische Familien dem Hof nach, da dann gar viele zusammt ihren Gütern von den Wellen verschlungen worden. Zwey Schiffe aber wurden durch den Sturm nach Ragusa verschlagen, welche dann wieder in Italien landeten und der Stadt Melfi einen Anfang machten. Von hieraus begaben sie sich nach Evoli, und ferner nach Scala, bis sie letztlich Amalfi erbaueten«.*[1]

Die Geschichte von den auf ihrem Weg nach Konstantinopel verschlagenen römischen Seefahrern basiert auf einer lokalen Chronik aus dem 10. Jahrhundert[2] und möchte mit der römischen Abkunft der Amalfitaner natürlich die eigene Ahnengalerie nobilitieren. Zugleich enthält sie einen wahren Kern. Es ist die Geschichte einer Flucht. Die Gründung von Amalfi reicht zurück in die unruhigen Zeiten der Völkerwanderung, als das weströmische Reich zerfiel und Teile der Bevölkerung die urbanen Zentren verließen und sich in eher abgelegene Regionen zurückzogen. Es ist die gleiche Situation, die zur Besiedlung der Lagune von Venedig und der Gründung der Serenissima geführt hat. Beide, Amalfi und Venedig, sind »Städte ohne Vergangenheit« (David Abulafia),[3] in Randbezirken des untergehenden Römischen Reiches entstanden, die jetzt als neue Protagonisten der Geschichte des Mittelmeeres auftreten.

Es muss ein schwieriger Prozess für die Ansiedler gewesen sein, sich unter den neuen Bedingungen zurechtzufinden. Aber was daraus hervorgehen sollte, war wegweisend für die Zukunft Europas. Es war der Aufbruch in eine neue Epoche.

Sie säen nicht und sie ernten nicht.
Zukunft auf dem Meer

Dass zuverlässige Nachrichten über Amalfi erst spät einsetzten, ist nicht verwunderlich. Die Stadt wurde urkundlich erstmals in einem Schreiben von Papst Gregor dem Großen erwähnt, der 596 den Bischof der *civitas Amalfitana* ermahnen ließ, seiner Residenzpflicht am Ort besser nachzukommen.[4] Die Stadt war also zu diesem Zeitpunkt bereits Bischofssitz; wann dieser eingerichtet wurde, ist nicht bekannt. Dann schweigen die Quellen wieder für beinahe zwei Jahrhunderte.

Dass Amalfi seine Zukunft auf dem Meer suchen musste, hat bereits der jüdische Reisende Benjamin von Tudela sehr plastisch beschrieben. Bei seinem Besuch in Amalfi um 1165 notierte er über die Bewohner: »Sie säen nicht und sie ernten nicht, weil sie auf hohen Bergen und felsigen Hügeln wohnen, sondern kaufen alles für Geld.«[5] Eine neue, auf Geld- und Handelsbeziehungen basierende Wirtschaftsweise kündigte sich an.

Bereits um 800 muss Amalfi über eine ansehnliche Flotte verfügt haben. Wir wissen das, weil amalfitanische Schiffe verschiedentlich zur Unterstützung in kriegerischen

Auseinandersetzungen engagiert wurden – und die Amalfitaner sich das gut bezahlen ließen. Dabei handelte es sich vor allem um die Abwehr der zunehmenden räuberischen Überfälle durch nordafrikanische Sarazenen, so etwa bei der Verteidigung Roms in der berühmten Seeschlacht von Ostia 849.[6] Dass es dabei weniger um einen Glaubenskrieg ging, wie das Motto eines großen Keramikgemäldes an der Porta Marina der heutigen Stadt suggeriert,[7] zeigt ein Ereignis aus dem Jahr 879: Die Amalfitaner hatten sich gegenüber dem Papst vertraglich verpflichtet, die Küsten

Die Arsenale, die mittelalterliche Schiffswerft von Amalfi

des Kirchenstaats gegen die »Ungläubigen« zu verteidigen. Dabei kam es über die Höhe der vereinbarten Geldsumme zum Streit, die Amalfitaner brachen die Abmachung, arrangierten sich mit den Muslimen und wurden daraufhin vom Papst exkommuniziert.[8]

Eine ferne Erinnerung an die glanzvollen Zeiten der amalfitanischen Seemacht sind noch heute die Arsenale, die historischen Schiffsbauwerkstätten der Stadt.[9] Zwar stammen sie aus späterer Zeit, doch beeindrucken sie immer noch durch ihre gewaltigen Dimensionen als industriekulturelles »Herz« des kleinen Ortes. Und sie halten das Gedächtnis daran wach, dass hier in Amalfi der aus dem Arabischen stammende Begriff des *Arsenals* (*dar as-sina* »Werkstatt«) zum ersten Mal in eine europäische Sprache übernommen (und später durch die Arsenale von Venedig populär) wurde.

Die älteste Seerepublik

Hatte Amalfi dabei anfänglich noch unter wechselnden politischen Abhängigkeiten gestanden, erkämpfte es im byzantinischen Reich allmählich größere Selbständigkeit und erklärte sich 839 zur Republik als ein unabhängiger Stadtstaat. Eigentlich handelte es sich dabei um einen Städtestaat, denn neben Amalfi gehörten dazu das benachbarte Atrani (wo in der Kirche San Salvatore de Birecto, »des Biretts«, das Staatsoberhaupt eingesetzt wurde), ferner die umliegenden Ortschaften wie Ravello, Scala, Minori, Conca, Positano sowie seit Ende des 10. Jahrhunderts die Insel Capri. Im Norden reichte das Gebiet bis Lettere und Gragnano jenseits der Berge.[10] Zusammen mit Pisa, Genua und Venedig ist Amalfi damit die älteste der vier (allerdings erst später so genannten) italienischen »Seerepubliken« (*repubbliche marinare*), deren gemeinsames Wappenschild heute die Flagge der italienischen Handelsmarine ziert. Zunächst von zwei jährlich gewählten *comites* oder *prefecturii* regiert, stand seit 954 ein *dux*, italienisch *duca*, an der Spitze des Staats.[11] Das Herzogtum Amalfi gab sich eigene Gesetze, prägte ab 960 eigene Münzen, den im östlichen Mittelmeer weit verbreiteten *tarì* mit arabischen oder zweisprachigen Inschriften,[12] wurde 987 Erzbischofssitz, behauptete sich in wechselnden Verwicklungen mit Byzantinern, Langobarden und Normannen und erreichte seine höchste Blütezeit im 11. Jahrhundert. Als der arabische Reisende Ibn Hauqal aus Bagdad um 970 nach Amalfi kam, berichtete er über die Stadt, sie sei eine der blühendsten des langobardischen Landes, ausgezeichnet durch ihren Reichtum und ihre Pracht und angesehener als Neapel.[13] Im 12. Jahrhundert sank der Stern des *ducato amalfitano*, es wurde 1073 von dem Normannen Robert Guiskard erobert und endgültig 1135 von einer Flotte aus Pisa, der im Seehandel tätigen Konkurrentin, geplündert. Damit verlor das Herzogtum zwar seine Selbständigkeit, amalfitanische Schiffe blieben jedoch bis ins späte Mittelalter auf den Handelsrouten des Mittelmeeres präsent.

Fundūq. Handelsplätze und Kolonien im Osten

Kaufleute aus Amalfi vermittelten dabei vor allem den Verkehr mit der arabischen Welt, Süditalien entwickelte sich neben Sizilien und dem andalusischen Spanien zu einer der wichtigsten Brückenregionen zwischen Orient und Okzident. Stützpunkte der Amalfitaner im Mittelmeer waren die sogenannten *fondaci* (aus arabisch *fundūq*, »Herberge«), Niederlassungen in der Fremde, die manchmal ganze Stadtviertel bildeten und zum Teil mit eigenen ethnischen Privilegien und eigener Verwaltung ausgestattet waren. Solche amalfitanischen »Kolonien« gab es in Tunis, Alexandria, Kairo, Antiochia, Aleppo, Akkon und Byzanz, also rund um das islamische Mittelmeer und das byzantinische Reich.[14] Sie umfassten Warenmagazine, Kontore, Banken, Werkstätten, Wohnquartiere, aber auch eigene soziale und religiöse Einrichtungen wie Hospitäler, Kirchen und Klöster. In Akkon gab es sogar einen amalfitanischen Friedhof.[15] In Kairo, einer der wichtigsten Niederlassungen, müssen um die Jahrtausendwende Hunderte von amalfitanischen Kaufleuten gelebt haben, in enger Kooperation mit den Bewohnern des unmittelbar benachbarten jüdischen Viertels der Stadt.[16]

Zu den Importwaren, die auf diese Weise aus dem Orient in den Westen kamen, gehörten vor allem Luxusgüter wie Pfeffer, Zimt, Muskat, Safran und andere Gewürze, dazu Weihrauch, Gold, Perlen, Elfenbein und Kosmetika. Mit dem Zucker (arabisch *sukr*, italienisch *zucchero*) brach sich, ausgehend von Süditalien und dort bis heute besonders geschätzt, eine neue Geschmacksvorliebe in Europa Bahn. Auch Kaffee (arabisch *qahwa*), im Allgemeinen venezianischer Vermittlung zugeschrieben, gehört zu den süditalienischen Importgütern, er spielte bereits in der Diätetik der mittelalterlichen Medizinschule von Salerno eine Rolle.[17] In umgekehrter Richtung wurden unter anderem Bauholz, Eisen, kalabresische Seide und neapolitanisches Leinen in den Orient und nach Nordafrika verschifft. Auch an der Abwicklung der florierenden Pilgerreisen zu den heiligen Stätten in Palästina waren die Amalfitaner beteiligt.[18]

Amalfi in Jerusalem

Von langwirkender historischer Bedeutung wurde die amalfitanische Niederlassung in Jerusalem, vermutlich um die Mitte des 11. Jahrhunderts auf dem Areal der bereits in karolingischer Zeit gegründeten Klosteranlage Santa Maria Latina entstanden.[19] Bei der nahegelegenen Johannes-Kapelle unterhielten die Amalfitaner ein Hospiz, das sich vor allem der Besucher der heiligen Stätten annahm. Der Kleriker Johannes von Würzburg, der es während seiner Pilgerfahrt 1160/70 besuchte, berichtet voller Staunen, dass dort in verschiedenen Gebäuden für Männer und Frauen bis zu zweitausend Kranke untergebracht seien und mit hohen Kosten gepflegt und wiederhergestellt, außerdem dort zahlreiche Arme unterstützt würden.[20] Krankenhäuser dieser Art waren zu jener Zeit im Westen unbekannt, die Amalfitaner orientierten sich dabei am Modell der Krankenversorgung in Städten wie Bagdad oder Kairo.[21]

Im 12. Jahrhundert ging aus dem amalfitanischen Hospital zum Heiligen Johannes der Ritter-Orden der *Ospedaglieri di San Giovanni di Gerusalemme* hervor. Die Überlieferung schreibt die Gründung einem gewissen Fra Gerardo Sasso aus dem Ort Scala zu, über dessen Biographie sich allerdings der Mantel der Legende breitet.[22] Aus dem Hospitaliterorden wiederum entstanden später der bis heute existierende Souveräne Malteserorden und der aktuelle Johanniterorden. Und auf den Ruinen der amalfitanischen Niederlassung in Jerusalem steht seit 1898 die deutsche evangelische Erlöserkirche.

Die Modernisierung Europas. Papier und Kompass

Die Aktivitäten der amalfitanischen Kaufleute fielen in eine Zeit, in der Europa einen einzigartigen wirtschaftlichen, technologischen und geistigen Modernisierungsschub durch die Begegnung mit der hochentwickelten islamischen Zivilisation erfuhr. Verbesserte landwirtschaftliche Anbaumethoden wie die bereits erwähnte Kunst der Terrassierung und der Bewässerung machten die Kultivierung der Limonen an der Amalfiküste möglich, wo sie bereits um die Jahrtausendwende bezeugt ist.[23] Verbunden mit der Kunst der Bewässerung verbreitete sich ferner aus der orientalischen Welt die Kultur der Villen und der Gärten. Eines der eindruckvollsten Beispiele außerhalb des andalusischen Spaniens kann man in der Villa Rufolo in Ravello bewundern, wo sich neben verschiedenen architektonischen Details im arabisch-sizilischen Stil, so dem berühmten

»maurischen Hof« (*cortile moresco*), sogar ein arabisches Bad aus dem 13. Jahrhundert erhalten hat.[24] Vom Süden der Halbinsel aus wird die Kultur der Villen und Gärten dann in der Renaissance in den Norden wandern.

Zu den verbesserten handwerklichen Techniken, die sich durch die Begegnung mit den Arabern im Westen verbreiteten, gehört neben der Takelung mit dem dreiekkigen Lateinersegel, die ein Kreuzen gegen den Wind erlaubte, die Modernisierung der Mühlentechnik, die an der Costiera Amalfitana noch besondere Bedeutung erlangen sollte. Den historischen Erzeugnissen einer anderen, in der muslimischen Welt beheimateten Technik kann man noch heute an der Amalfiküste begegnen: Es sind glasierte Keramiken (zum Teil mit arabischen Schriftzügen) und Mosaiksteine aus syrischen und anderen islamischen Importen, die als Schmuckelemente in die Kanzeln verschiedener Ravelleser Kirchen eingearbeitet wurden.[25] Das lässt in seinem interreligiösen Bezug an den Dom von Palermo denken, den eine eingemauerte arabische Schrifttafel mit dem Beginn der ersten Sure des Koran ziert.

Eine besondere Rolle spielte die Costiera Amalfitana bei der Vermittlung von zwei weiteren technischen Neuerungen. Es sind das Papier und der Kompass.

Papier, eine chinesische Erfindung, verbreitete sich mit der arabischen Expansion im Mittelmeer und kam auf diese Weise zunächst nach Spanien, später auch nach Italien.[26] Dass in Amalfi bereits um 1200 Papier produziert und genutzt wurde, zeigt ein 1220 erlassenes Gesetz des Hohenstaufenkaisers Friedrich II., mit dem er eine »in der Stadt Neapel und den Herzogtümern Amalfi und Sorrent übliche Gewohnheit« untersagte, Urkunden und öffentliche Akten *in cartis bombicinis*, also »auf Baumwollpapier«, abzufassen; alle derartigen Dokumente seien aus Gründen der besseren Haltbarkeit innerhalb von zwei Jahren auf Pergament umzuschreiben.[27] Ein erster lokaler Hinweis zum Handel mit dem neuen Schreibstoff findet sich im Testament eines amalfitanischen Kaufmanns, der 1268 in seinem Magazin unter anderem ein Konvolut Baumwolle und »drei Ries [= arab. *rizmah*] Papier« hinterlässt.[28] Umgerechnet wären das rund 1500 Bogen, eine respektable Menge.

Komplizierter ist die Geschichte mit dem Kompass. Seit dem 15. Jahrhundert wird seine Erfindung in gelehrten Werken den Amalfitanern und namentlich einem gewissen Flavio Gioia zugeschrieben, und bis heute gehört dies am Ort zu den stolzen Gewissheiten vieler Amalfitaner. Ein Denkmal für den Erfinder, den Blick nachdenklich auf die *bussola* in seinen Händen gerichtet, schmückt in Amalfi den zentralen Platz vor der Porta Marina.[29] Nun war die

Alfonso Balzico, Denkmal für Flavio Gioia in Amalfi, 1899

Technik des Navigierens mit der Magnetnadel bereits vorher in China und im Mittelmeer bekannt, allerdings in der Form des »schwimmenden Kompasses«, der ausschließlich bei ruhiger See zu verwenden war. Möglicherweise waren es amalfitanische Seeleute, die im 13. Jahrhundert das System zum Trockenkompass hin verbesserten und diesen zusätzlich mit der mediterranen Windrose verbanden.[30]

Die erste medizinische Hochschule

Aber die Modernisierung Europas umfasste nicht nur Neuerungen auf dem Gebiet von Technik und Wirtschaft. Arabische und jüdische Autoren vermittelten unter Rückgriff auf antike Werke neue Erkenntnisse in Mathematik, Astronomie, Medizin und Naturwissenschaften.[31] In dem der Amalfiküste benachbarten Salerno entstand, beeinflusst von arabischen Gelehrten wie Costantino Africano oder Avicenna, um die Jahrtausendwende die *Scuola Medica Salernitana*, die erste medizinische Hochschule Europas. Sie orientierte sich an der hippokratisch-galeni-

Hospitalszene aus dem *Kanon der Medizin* von Avicenna

schen Methode einer systematischen Empirie und rückte mit der Diätetik, also der Lehre von der gesunden Lebensweise, die Prophylaxe in den Mittelpunkt. Aber auch kompliziertere chirurgische Eingriffe wurden durchgeführt. Zu den *maestri*, wie die Professoren der Schule hießen, gehörten auch einige Frauen, etwa Trotula de Ruggiero, Verfasserin einer Schrift über Frauenkrankheiten.[32]

Die *Scuola Medica Salernitana* hat sogar in der mittelhochdeutschen Literatur ihre Spuren hinterlassen. In Hartmanns von Aue um 1190 entstandener Verserzählung *Der arme Heinrich* reist der vom Aussatz befallene Held auf der Suche nach den besten Ärzten nach *Sâlerne*. Der Rat, den er dort von ihnen bekommt – nur durch das Bad im Blut einer Jungfrau könne er genesen –, verrät allerdings eher Vorurteile des schwäbischen Autors gegenüber der medizinischen Kunst im fernen Süditalien.

Seerecht und marine Anarchie. Die Tabula de Amalpha

Berühmt geworden ist die mittelalterliche Seerepublik von Amalfi noch aus einem weiteren Grund: Man schreibt ihr die Kodifizierung der ersten differenzierten seerechtlichen Bestimmungen zu. Überliefert sind sie, allerdings erst in Handschriften aus späterer Zeit, unter dem Titel *Tabula de Amalpha*, einem Corpus, das in 66 Artikeln (*ordinationes*) die Verbindlichkeiten zwischen Schiffseignern und Kapitänen, Pflichten und Rechte der Seeleute, Entschädigung im Falle von Piraterie oder Havarie sowie zahlreiche andere Fragen des Seehandels regelte – oder besser regeln wollte. Natürlich erforderten Handelsreisen auf langen gefahrvollen Strecken und unter Beteiligung unterschiedlicher Partner ein Minimum an rechtlichen Regelungen zur Begrenzung mariner Anarchie. In diesem Sinne lesen sich viele der amalfitanischen *ordinationes* durchhaus modern und einer Republik würdig. So waren etwa die Kapitäne gehalten, vor Auslaufen des Schiffs allen Seeleuten und Gesellschaftern Kontrakte, Warenladung, Kapital und Reiseroute offenzulegen. Für den Fall, dass ein Seemann während der Reise erkrankte, sollte er dennoch seine Bezahlung und außerdem die Pflegekosten erhalten. Ein anderer Artikel regelt minutiös den Fall, dass Kaufleute sich weigerten, bei gefährlichem Seegang einen Teil ihrer Ladung wie üblich über Bord werfen zu lassen: Kapitän, Steuermann und nautisches Personal wurden verpflichtet, ihnen zuvor in einer Zusammenkunft die Notwendigkeit der Maßnahme zu erklären; waren sie dennoch nicht einverstanden, müsse der Kapitän vor versammelter Mannschaft seine Entscheidung begründen.[33]

Inwieweit die amalfitanischen *ordinationes* tatsächlich praktiziert wurden oder, wie immer wieder behauptet, sogar für den ganzen Mittelmeerraum gültig waren, ist eine offene Frage.[34] Vermutlich entfaltete sich der mediterrane Handel eher in einer Mischung aus christlicher Seefahrt, Freibeuterei, Glück und Betrug – wie es Boccaccios Novelle von dem Ravelleser Kaufmann Landolfo Rufolo (immerhin einer der prominentesten Namen des Ortes!) erzählt. Dort investiert der edle Landolfo unbekümmert in ein Kaperschiff und verlegt sich auf Raub, wird dann selber von den Genuesern aufgebracht und erleidet Schiffbruch, kann sich aber mit einer Kiste voller Edelsteine an Land retten. Mit dem gewonnenen Schatz schlägt er sich nach Hause durch, wo er doppelt so reich ankommt, wie er abgefahren war – »und in allen Ehren bis ans Ende seiner Tage lebte«.[35]

Himmlische Schutzmacht. Die Heiligen aus dem Meer und die Reliquien von Sant'Andrea

In die Tradition der alten Seerepublik gehören nicht zuletzt die Heiligen der Amalfiküste. Die wichtigsten unter ihnen stammen aus dem Osten, also aus der byzantinischen Welt, und sind über das Meer und nicht selten auf höchst abenteuerliche Weise an die Costiera gelangt.[36]

Sehr frühe Spuren der Verehrung des heiligen Nikolaus von Myra im Abendland finden sich in einem Freskenzyklus aus der Zeit um 1070 in Santa Maria de Olearia, einem alten benediktinischen Höhlenheiligtum bei Maiori.[37] Während dort der heilige Bischof mit seinem »Meerwunder« als Patron der Seefahrer gezeigt wird, thematisiert ein San-Nicola-Zyklus in Minuta die sozialen Konflikte zwischen Orient und Okzident: Er erzählt von einem Kind, das von nordafrikanischen Sklavenjägern geraubt und zum Mundschenk eines Sultans gemacht, durch das wunderbare Eingreifen von San Nicola jedoch seinen Eltern zurückgegeben wurde.[38]

Griechischer Herkunft sind die Heiligen Trofimena und Pantaleone – und eine Trägerin oder ein Träger des betreffenden Vornamens, auf die man an der Amalfiküste noch gelegentlich stoßen kann, stammt in der Regel aus Minori oder aus Ravello, deren Ortspatrone die beiden Heiligen sind. Santa Trofimena ist außerhalb von Minori praktisch unbekannt, ihre Legende berichtet, dass die Urne mit ihren Reliquien von Sizilien über das Meer an den Strand von Minori gekommen und dort von einer Frau aufgefunden worden sei.[39] Auch das Kultbild der Santa Maria a mare im Dom von Maiori kam aus dem Meer, ebenso wie die Tafel der byzantinischen Madonna von Positano, von der die lokale Legende weiß, das Schiff aus dem Orient, das sie an Bord hatte, sei hier auf geheimnisvolle Weise an der Weiterfahrt gehindert worden.[40]

Die Meerfahrt als Ursprungserzählung des lokalen Kultbilds ist einer Gemeinschaft von Seefahrern angemessen: Vom Meer droht die Gefahr und vom Meer kommt die Rettung. Die jährlichen festlichen Prozessionen mit den Statuen der übers Meer gekommenen Heiligen führen nicht nur durch die bewohnten Zentren, sondern auch am Strand entlang, in Positano und Amalfi steckt man sich dabei traditionell kleine Steinchen in die Tasche, und in Amalfi versetzen die Träger die Statue des heiligen Andreas in schaukelnde Bewegung, als führe er zu seinem Festtag noch einmal zur See.

Pantaleone, ein Arzt und Märtyrer aus Nikomedia in Kleinasien, ist der Patron von Ravello. Sein Blut, das in einer Phiole im Dom aufbewahrt wird, verflüssigt sich alljährlich an seinem Festtag im Juli.[41] Anders als im Fall von San Gennaro in Neapel geschieht das allerdings ohne größeres Aufsehen. Pantaleone (der auch zum Freskenprogramm von San Marco in Venedig gehört) muss bereits zur Zeit der Republik von Amalfi hohes lokales Ansehen genossen haben, wie das häufige Auftauchen des entsprechenden Taufnamens zeigt.[42]

Aus dem Osten und übers Meer kam schließlich der renommierteste aller Heiligen an der Costiera Amalfitana, und dies nicht in frommer legendärer Überlieferung, sondern durch den Coup einer veritablen Entführung. Es ist der heilige Andreas, kein Geringerer also als einer der zwölf Jünger Jesu und der ältere Bruder des Kirchenpatrons Simon Petrus selber.

Denn bedeutende Städte wollten bedeutende Heilige in ihren Mauern haben. Als beim Vierten Kreuzzug 1204 Konstantinopel erobert und geplündert wurde, verschaffte sich der Amalfitaner Kardinallegat Pietro Capuano die bislang dort verehrten Reliquien des heiligen Andreas, überführte sie heimlich zu Schiff nach Amalfi und schenkte sie seiner Vaterstadt. Am 8. Mai 1208 wurden sie in einem Festakt in der Krypta des Doms beigesetzt, der aus diesem Anlass neu gestaltet worden war.[43] Andreas war bereits seit dem 10. Jahrhundert der Patron der Stadt gewesen, die um 1065 in Konstantinopel gegossenen Bronzetüren des Doms, eine der großen Kostbarkeiten der Stadt, gestiftet von dem amalfitanischen Kaufmann Pantaleone di Comite Mauro, zeigten bereits sein Bildnis. Jetzt verfügte die Stadt zusätzlich über seine Reliquien, konnte damit ihre realpolitisch bereits schwindende Bedeutung unterstreichen und mit dem Beistand des Apostelfürsten glänzen, nicht zuletzt in der Konkurrenz mit dem Heiligen Markus in Venedig, dessen Reliquien venezianische Kaufleute schon 828 in Alexandria auf ähnliche Weise entführt hatten. Bereits während seiner *translatio* (so die offizielle Bezeichnung des frommen Raubs) hatte der Heilige das Amalfitaner Schiff aus Seenot gerettet, und auch in Zukunft sollte er sich als würdiger Patron einer See- und Handelsstadt erweisen. Als 1544 die Kriegsflotte des algerischen Admirals Khair ad-Din, im Westen »Barbarossa« genannt, vor der Amalfiküste auftauchte, war es Sant'Andrea, der durch ein gewaltiges Unwetter die Feinde vertrieb – am 27. Juni jeden Jahres wird in Amalfi mit einer Prozession zu Ehren des Heiligen dieses Ereignisses gedacht.[44]

Allerdings war und ist die Präsenz des heiligen Andreas in Amalfi keineswegs nur symbolischer Natur. Der Zulauf von Pilgern schwoll gleich in den ersten Jahren nach der *translatio* seiner Reliquien so stark an, dass Kardinal Pietro Capuano ein Viertel der Einkünfte aus der Wallfahrt zum Unterhalt eines von ihm gegründeten Hospitals der Stadt bestimmen konnte.[45] Zu den prominentesten frühen Pilgern gehörte nach der lokalen Überlieferung Franz von Assisi.[46] Die Wallfahrt sollte in der Folgezeit ein besonderes Ansehen erlangen, als sich durch ganz Europa die Nachricht von einer mirakulösen Emanation der Reliquien verbreitete, die Gläubige wie Neugierige anzog: »Die Bürger nennen dasselbig Manna und sprechen, es fließ aus des Heiligen Leichnam in einen Becher«, berichtet 1588, mit gebotener protestantischer Distanz, der Stuttgarter Humanist Hieronymus Megiser.[47] Andere suchten das Wunder wissenschaftlich zu erklären. Wie auch immer: Amalfi, »vom Manna beträufelt« (Torquato Tasso)[48] wurde zu einem der großen Pilgerziele. Und während das alte logistische Zentrum der Res Publica Amalphitana, die Schiffswerften der Arsenale, zunehmend an Bedeutung verlor, wird die Krypta des Doms mit dem Grab des heiligen Andreas, in Amalfi liebevoll *'o viecchio*, »der Alte«, genannt, das neue Herz der Stadt.

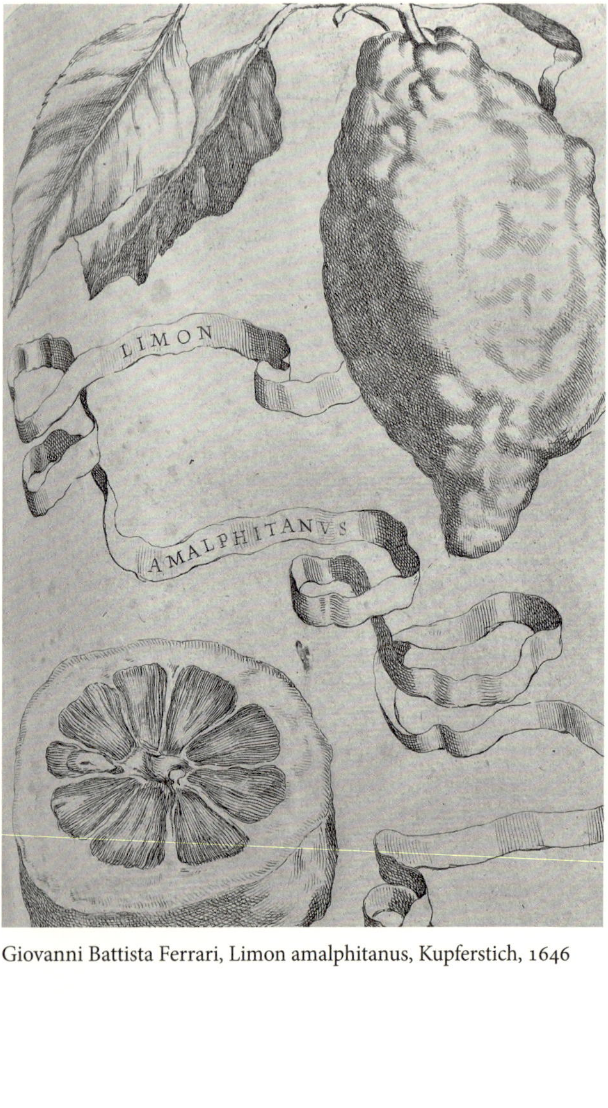

Giovanni Battista Ferrari, Limon amalphitanus, Kupferstich, 1646

Papiermühlen, Maccheroni-Fabriken und die Kultur der Zitronen
Im Glanz der Manufakturen

Tempi passati. *Ein Schauplatz verschwindet aus der Weltgeschichte*

Am 14. Dezember 1588 passierte der Wernigeroder Jurist Barthold von Gadenstedt auf seiner Tour durch Italien die Küste von Amalfi. In seinem Reisebericht notierte er dazu nüchtern, diese Stadt sei »vor Zeiten gewesen sehr mechtig, auch trefliche Kaufmanschaft darselbst getriebenn, wie es dann noch etliche schoene Häuser in der Stadtt hatt«.[1] Es ist ein Abgesang auf einen Schauplatz der Weltgeschichte, von dessen Bedeutung jetzt nur noch in der Vergangenheitsform die Rede ist.

In der Tat zieht sich seit dem späten Mittelalter die Rede vom alten, inzwischen erloschenen Glanz Amalfis wie ein Leitmotiv durch so gut wie alle einschlägigen Zeugnisse von diesseits und jenseits der Alpen.[2] Bereits hundert Jahre vor dem Wernigeroder Reisenden hatte der sizilianische Geograph Pietro Ranzano berichtet, die Stadt sei »einstmals« durch ihren Handel mit allen Häfen des Mittelmeers sehr reich gewesen, nun hätten jedoch die Venezianer dieses Geschäft übernommen.[3] Dramatischer liest es sich in einer aus der gleichen Zeit stammenden Erzählung des aus Salerno gebürtigen Masuccio: Die großen Paläste der Stadt lägen heute verfallen, und die Einwohner könnten sich nur mit den größten Schwierigkeiten durchbringen.[4] Und bis ins 19. Jahrhundert tönen die Stimmen von Besuchern, die beim Anblick der Stadt kaum glauben mochten, welche Rolle sie einmal in der Weltgeschichte gespielt hat:

»Wo sind die tausend Schiffe, die einst die Flagge der Republik triumphierend bis an die Grenzen der Welt trugen? Wo sind die Werften, deren immer neue Konstruktionen das Meer mit unzähligen Segeln bedeckten? In welchen Palästen versammelten sich die Senatoren, deren weise Gesetze in vielen Teilen Italiens Gültigkeit hatten? – Drei Fischerboote mit ihren Netzen, ein paar malerisch gelegene Häuser von eher traurigem Aussehen, davor ein kleines, bunt herausgeputztes Hotel – das ist alles, was heute von Amalfi übriggeblieben ist.« So der französische Forschungsreisende Edouard Gauttier d'Arc, der 1824 in Amalfi nach Manuskripten der *Tabula de Amalpha* suchte.[5]

Amalfi – tempi passati! Es gibt wohl keine andere kleine Stadt, an die sich der tragische Nimbus ihres »Niedergangs« so fest geheftet hätte wie an Amalfi.[6]

Alter Glanz und neue Routen

Dabei vollzieht sich das, was Historiker ohnehin eher Transformation als Niedergang nennen – »Amalfi did not decline, but it changed«, schreibt David Abulafia[7] –, keineswegs als radikaler Bruch mit dem Ende der autonomen *civitas amalphitana* 1135 und ihrer Eingliederung in das von dem Normannen Roger II. gegründete Königreich Sizilien und seine Nachfolgestaaten. Und es folgt weltgeschichtlichen Verschiebungen der Handelsrouten und der europäischen Machtzentren.

Faktum ist, dass die Stadt im späten Mittelalter ihre führende Rolle im Orienthandel in der Konkurrenz mit den anderen »Seerepubliken« verlor und insbesondere an die Venezianer abtreten musste. Venedig hatte durch die Kreuzzüge, deren Teilnehmer vor allem aus dem nördlichen Europa kamen, seine wirtschaftliche und politische Macht im östlichen Mittelmeer enorm ausgebaut. Die Amalfitaner hingegen pflegten traditionell gute Beziehungen zu den »Feinden des Glaubens« – als das christliche Kreuzfahrerheer 1099

Jerusalem belagerte, sollen die ansässigen Amalfitaner von der Stadtmauer Steine auf die Belagerer geworfen haben.[8]

Faktum ist ebenfalls, dass sich die Zentren der europäischen Geschichte im späten Mittelalter zunehmend von Süden nach Norden verlagerten. In der Lombardei gewannen die Kommunen an Bedeutung, in den Städten der Toskana entstanden neue Finanzmärkte, nördlich der Alpen neue Wirtschaftsräume. »Eine Revolution im Handel, die jetzt den europäischen Kontinent erfasste, ließ Amalfi am äußersten Rand der neuen, rasch wachsenden Wirtschaft des Westens zurück«.[9]

Auch von seiner topographischen Infrastruktur her musste das kleine Amalfi zunehmend benachteiligt sein, es fehlten die großen Hafenanlagen, das Hinterland, ein schiffbarer Fluss. Von amalfitanischen Historikern wurde in diesem Zusammenhang die Theorie von der »untergegangenen Stadt« ins Spiel gebracht, wonach die heutigen schmalen Küstenverläufe erst das Ergebnis einer spätmittelalterlichen Naturkatastrophe, die Hafenanlagen ursprünglich also wesentlich ausgedehnter gewesen seien.[10] Selbst wenn das zuträfe, könnte es die wirtschaftspolitischen Veränderungen nicht wirklich erklären.

Tatsächlich blieben die Amalfitaner noch nach dem Niedergang des Fernhandels lange auf den »kleineren« Schiffsrouten dominant, organisierten etwa den Handel zwischen Kampanien und Apulien sowie die Getreideexporte aus Sizilien.[11] In zahlreichen Häfen des Königreichs hatten sie weiterhin feste Niederlassungen in eigenen Vierteln, sogenannte *Amalfitaníe* – bis heute erinnern etwa die *via della Amalfitania* im Hafen von Syrakus oder die Kirche Sant'Andrea degli Amalfitani im Vucciria-Viertel in Palermo daran. Bis in die Zeit der auf die Normannen folgenden Hohenstaufen prägte Amalfi sogar weiterhin eigene Münzen.[12] Und in der staatlichen Verwaltung und im Finanzwesen des Königreichs spielten unter Hohenstaufen und Anjou lokale Patrizier wie die Rufolo oder die Della Marra aus Ravello eine wichtige Rolle.

Gleichzeitig traten jetzt die Profile einzelner Ortschaften und ihrer Adelsfamilien deutlicher hervor. Vor allem die Bedeutung der Bergkommunen Scala und Ravello wuchs zusehends.[13] Scala war bereits 1069 zum Bischofssitz erhoben worden, Ravello 1086, Letzteres erstaunlicherweise nicht dem Metropoliten von Amalfi, sondern unmittelbar der römischen Kurie unterstellt (und daher bis heute römisches Titularbistum). Es war ein Schachzug der Normannen, die auf diese Weise ihren Einfluss im *ducato amalfitano* gegen die »Hauptstadt« Amalfi ausbauen wollten. In Ravello beruft man sich bis heute gern auf die oppositionelle Rolle der Stadt mit der (fraglichen) Etymologie, ihr Name leite sich von *rebellum* ab.

Vom Niedergang der Städte der ehemaligen Republik Amalfi kann also bis zum Ende des Mittelalters nur sehr eingeschränkt die Rede sein. Im Gegenteil: Wer heute als kunstsinniger Besucher an die Costiera kommt, könnte sogar zu der Auffassung gelangen, erst das 13. Jahrhundert sei ihr eigentliches Goldenes Zeitalter gewesen. 1266–1268 errichteten sich die amalfitanischen Nobili neben dem Dom den heute Chiostro del Paradiso genannten Kreuzgang als Grablege, einen mit raffiniert verschlungenen, auf Doppelsäulen ruhenden und scheinbar in die Unendlichkeit laufenden Spitzbogen (*archi intrecciati*) eingefassten Hof im schönsten arabisch-normannischen Stil.[14] Das gleiche Architekturmuster, obschon bescheidener, findet sich im ehemaligen Kapuzinerkonvent der Stadt. Die berühmtesten Sehenswürdigkeiten in Ravello stammen ebenfalls vom Ende des 13. Jahrhunderts. Es ist, neben der bereits erwähnten, maurisch inspirierten Villa Rufolo, die »Löwenkanzel«, einer der beiden Ambonen des Doms, gestiftet 1272 von dem Kaufmann Nicola Rufolo »aus Liebe zur Jungfrau Maria und zur Ehre seiner Heimat«. Auch sonst begegnen wir an der Costiera immer wieder architektonischen und künstlerischen Arbeiten aus dem 13. und 14. Jahrhundert, Zeugnissen einer weiterwirkenden Prosperität und eines ungebrochenen Selbstbewusstseins der Eliten längst nach dem Ende des selbständigen *ducato*.

Wasserkraft, die Arbeit schafft. Die Papiermühlen

Langfristig aber nahm die Entwicklung der Stadt und des Territoriums einen anderen Weg, trennte sich vom Schiffbau und dem Seehandel. Und ging in eine Richtung, die ebenso erstaunlich ist und in der wiederum die Besonderheiten der Landschaft zur Grundlage der lokalen Aktivitäten werden. Boten die zahlreichen kleinen Flussläufe aus den steil abfallenden Bergen nicht geradezu ideale Bedingungen für die Anlage von Mühlen? Und war man nicht durch die Begegnung mit den Arabern mit dieser Technik vertraut geworden? Tatsächlich wurden die Mühlen in den Talschluchten der Monti Lattari die neuen Zentren der Wirtschaftskraft der Amalfiküste. Und die Region wurde zu einer der frühen Industrielandschaften der Méditerranée.

Besonders die seit dem 14. Jahrhundert bezeugten Papiermühlen (*cartiere*) haben den Ruf Amalfis verbreitet. Produziert wurde in den Tälern von Maiori, Minori, Atrani und Furore, zum wichtigsten Standort wurde jedoch das *valle dei mulini*, das »Mühltal« von Amalfi mit dem Canneto-Flüsschen. Noch im 18. Jahrhundert waren zehn Prozent der Bevölkerung der Stadt in den Papiermühlen beschäftigt. Nach einer zeitgenössischen Abrechnung konnte ein Betrieb täglich 26 Ries (umgerechnet 13.000 Bogen) in verschiedenen Qualitäten herstellen.[15] Die Bogen mussten nach dem Schöpfen wie Wäsche aufgehängt und getrocknet werden, dem dienten hölzerne Konstruktionen im Tal, sogenannte *spanditoi*, durch welche die Fallwinde aus den Bergen wehen konnten – ideale Bedingungen für das Endprodukt.

Das Mühltal muss in dieser Zeit ein turbulentes Zentrum frühindustrieller Aktivitäten gewesen sein, erfüllt vom Lärmen der Räder und dem Stampfen der schweren Hämmer, die Lumpen oder Altpapier zerkleinerten, belebt von Hunderten von Menschen, die in den einzelnen Mühlen unter der Leitung eines amtlich einst *magister cartarius* genannten *cartaio* (»Papiermüller«) ihrer Arbeit nachgingen, darunter Kolonnen von Frauen, welche die schweren Bündel mit den Lumpen durch das Tal zu den Mühlen hinauftrugen.[16] »Nirgend habe ich bis jetzt in Italien eine solche rege Betriebsamkeit gefunden, als in diesem Thale«, bemerkte der Berliner Museumsdirektor Friedrich Christoph Förster, als er im Oktober 1829 durch das Mühltal spaziert war und eine der Papiermühlen besichtigt hatte.[17] Die Arbeit in den Mühlen erforderte hohe technische Fertigkeiten, zwang wegen der Verteilung des Wassers zu Kooperation und war im Übrigen wegen der ständigen Nässe und Kälte in den Mühlen gesundheitlich sehr belastend.

Die Papiermühlen verloren seit dem 18. Jahrhundert zunehmend ihre wirtschaftliche Bedeutung für die Stadt, vierzehn waren noch zu Beginn des 19. Jahrhunderts in Betrieb,[18] einige wenige hielten sich bis in die Zeit nach dem Zweiten Welkrieg. Der letzte, im Ein-Mann-Betrieb arbeitende *cartaio*, er hieß Antonio Cavaliere, und seine Mühle hatte bereits Carl Blechen auf einer Zeichnung (1829) festgehalten,[19] stellte seinen Betrieb zu Beginn der 1990er Jahre ein. Heute existiert noch ein einziges Unternehmen, das die gesuchte *carta di Amalfi* im industriellen Verfahren herstellt.[20]

Die ferriera. *Der Eisenhammer in der Waldschlucht*

In das Stampfen der Mühlen im Tal von Amalfi mischte sich über lange Zeit hinweg noch ein anderes Geräusch aus der Welt der frühen Industrie. Es war ein Eisenhammer (*ferriera*), eine Frühform des Hochofens, am äußersten oberen Ende des Tals gelegen. Der Fluss lieferte die mechanische Energie, die umgebenden Wälder das Brennholz zur Erzeugung der notwendigen hohen Temperaturen – nicht ohne Grund sind in Carl Blechens Ölgemälde *Schlucht bei Amalfi* Holzfäller am Werk.[21] Das Eisenerz kam mit dem Schiff aus Elba, wurde in der *ferriera* zu Roheisen verhüttet und in örtlichen Schmiedewerkstätten weiterverarbeitet. Zu den wichtigsten Endprodukten gehörten die in dem Bergdorf Pogerola hergestellten langen Nägel, als *chiodi di Pogerola* noch heute in der Region bekannt. Der seit dem 14. Jahrhundert aktive Hochofen arbeitete in bourbonischer Zeit unter königlicher Regie und stellte um 1805 den Betrieb ein – für Pogerola, wo rund zwei Drittel der Haushalte von der Weiterverarbeitung des Materials gelebt hatten, eine wirtschaftliche und soziale Katastrophe.[22]

Thomas Ender, Der Eisenhammer im Tal von Amalfi, Aquarell, um 1820

Die besten Maccheroni des Königreichs

Neben der *carta di Amalfi* erlangte die Costiera für ein weiteres Produkt Berühmtheit, die *pasta della costa*. Es waren die langen Nudeln, wie sie unter dem Namen *maccheroni* oder *vermicelli* (»Würmchen«) seit dem 16. Jahrhundert die Ernährungsgewohnheiten in Kampanien revolutionierten.[23] Das Korn kam aus Apulien oder vom Schwarzen Meer, wurde an den Häfen der Costiera angelandet, in den Flüssen gewaschen und zunächst in den Mühlen zu Grießmehl (der berühmten *semola di grano duro*) vermahlen, anschließend in eigenen Werkstätten, den *pastifici*, zu Pasta verarbeitet. Die Tätigkeit der *pastai* oder *maccheronai* war körperlich anstrengend, eine Gruppe von Männern musste dabei durch beständiges Drehen des langen Schwengels einer Druckpresse den mit Wasser versetzten und gekneteten Teig durch eine fein gelochte Eisenscheibe pressen, was umso schwieriger war, je weniger Wasser (wie erwünscht) der Teig enthielt. Anschließend wurden die oft meterlangen Nudeln zum Trocknen aufgehängt. Besucher aus dem Norden, nicht zuletzt die nüchtern beobachten-

In einer Amalfitaner Maccheronifabrik, 1896

den Briten, waren immer wieder von den Manufakturen beeindruckt. So schreibt etwa Marguerite Lady Blessington nach dem Besuch einer Maccheronimanufaktur, die extreme Reinlichkeit des Betriebs habe bei ihren Begleitern dazu beigetragen, die Vorurteile auszuräumen, die sie gegenüber dieser (damals für Fremde immer noch recht ungewöhnlichen) Speise gehabt hätten.[24]

Die *pasta della costa*, deren Produktion im 17. Jahrhundert an der Amalfiküste aufblühte, galt als die beste des Königreichs.[25] Zentren der Fertigung waren Amalfi, Minori und Maiori sowie der kleine Ort Gragnano jenseits der Berge (wo noch immer einige bekannte Fabriken produzieren). Exportiert wurde in die Hauptstadt Neapel (die keine Mühlen hatte) und in andere Regionen Italiens. Noch im 18. Jahrhundert lebten laut Zensus in Amalfi rund sieben Prozent der arbeitenden Bevölkerung von der Pastaproduktion, wobei ebenfalls Frauen als Trägerinnen und Kinder beim Waschen des Korns tätig waren.[26]

Zählt man zu den genannten Gewerken noch die kleineren, ehemals an der Costiera betriebenen Aktivitäten hinzu, die Seiden-, die Seifen- und die Baumwollmanufakturen, ergibt sich ein erstaunliches Bild. Aufgrund ihrer landschaftlichen Besonderheiten entwickelte sich die Costiera nach dem Niedergang des Seehandels erneut zu einer Wirtschaftsregion mit eigenem Profil, einem florierenden protoindustriellen Zentrum. Es ist die zweite historische Karriere, die diese einzigartige Landschaft gemacht hat.

Sfusato amalfitano. *Die Zitronenkultur*

Anders als die erwähnten Manufakturen steht der Anbau von Zitronen noch immer in Blüte. Er dominiert zwar nicht das Bruttosozialprodukt der Costiera, wohl aber bis heute ihr Ansehen.

Die früheste bekannte Nachricht über die Kultivierung von Zitrusfrüchten an der Amalfiküste – an den Hängen der

Ortschaft Vietri – stammt aus einer Urkunde der Abtei La Cava vom Jahr 986.[27] Zum wirtschaftlich bedeutenden Exportartikel entwickeln sich die Agrumen im 16. Jahrhundert, erwähnt werden neben *limoni*, also den Zitronen, kleine *limongelli*, *cetrangoli* (Pomeranzen) und *cedri*, also die großen Zitronatzitronen. Giovanni Battista Ferraris *Hesperides*, das älteste botanische Kompendium der Zitrusfrüchte (Rom 1646), führt den *limon amalphitanus* als eigene Spezies auf. Seine Früchte seien »von länglicher Form mit einer etwas vorstehenden Kuppe, die Schale kräftig, aber nicht runzelig, etwas dick, vom Gelben ins Weißliche gehend, angenehm duftend und zart im Geschmack; das Fleisch, geteilt in acht oder neun Streifen, etwa fingerdick und süß im Geschmack«.[28] Es ist die pefekte Beschreibung einer Sorte, die heute *sfusato amalfitano* heißt. Und deren Früchte, »süß im Geschmack«, an der Amalfiküste tatsächlich manchmal wie frisches Obst gegessen werden, samt Schale.

Das – wirtschaftlich gesehen – Goldene Zeitalter der Amalfi-Zitrone war das 19. und frühe 20. Jahrhundert. Die Früchte wurden von lokalen Händlern nach Neapel und Livorno verschifft und erreichten von dort nicht nur die kontinentalen Märkte, sondern auch die Auktionshäuser in Großbritannien und den Vereinigten Staaten.[29] Die globale Konkurrenz mit einem großflächig betriebenen Anbau hat dem längst ein Ende bereitet, allerdings hat, nach einer längeren Periode der Stagnation, die Neubesinnung auf eine spezialisierte Kennzeichnung und Vermarktung der Früchte ihre wirtschaftliche Bedeutung wieder in den Blick gerückt.

Motor der Entwicklung ist ein 2002 gegründetes Konsortium in Minori. Es umfasst 275 landwirtschaftliche Betriebe, darunter zahlreiche kleine Unternehmen.[30] Denn die Früchte werden fast ausnahmslos auf jenen schmalen Terrassen angebaut, die manchmal in Höhenlagen hinaufreichen, wo bereits die Kastanienwälder beginnen. Dort werden sie noch immer von Hand gepflückt und in Flechtkörben ins Tal getragen – ein Vorgang, an dem sich seit Jahrhunderten so gut wie nichts geändert hat. Das Konsortium gewinnt auf diese Weise auf einer Fläche von insgesamt rund 200 Hektar jährlich circa 250 Tonnen der Früchte. Etwa siebzig Prozent kommen frisch in den Handel, davon gehen rund dreißig Prozent als Exportware ins Ausland. Das ist quasi ein Nichts verglichen mit den großen Handelsbilanzen,[31] allerdings präsentiert sich die Amalfi-Zitrone als ein besonderes Produkt: Die Sorte *sfusato amalfitano* trägt seit 2001 als »Limone Costa d'Amalfi« das Qualitätssiegel einer geschützten Ursprungsbezeichnung.[32]

Im Handel ist sie so etwas wie die Prinzessin unter den Zitronen – besser: der Prinz, ist doch ihr grammatikalisches Geschlecht in den romanischen Sprachen männlich. Denn anders als bei anderen Früchten unterscheidet der sogenannte Verbraucher beim Kauf von Zitronen in der Regel nicht nach unterschiedlichen Sorten – nur die »Amalfi-Zitrone« macht eine Ausnahme.

Ihrem aktuellen Ruf kommt darüber hinaus zugute, dass der unter dem Namen Limoncello vertriebene Zitronenlikör seit etwa dreißig Jahren auch außerhalb Kampaniens bekannt geworden ist und sich weiterhin zunehmender Beliebtheit erfreut.[33] Fast ein Viertel (zwanzig Prozent) der vom genannten Konsortium gewonnenen Früchte wird daher manuell zu Limoncello verarbeitet, der ebenfalls ein lokales EU-Qualitätssiegel trägt.[34] Zehn Prozent der Ernte gehen in den *mercato del dolce*, finden also Verwendung bei der Herstellung von Crèmes, Torten und anderen Süßwaren.

Mindestens ebenso wichtig wie die internationale Aura der Früchte ist allerdings die Tatsache, dass die Zitrone an der Amalfiküste seit einiger Zeit nicht nur in der lokalen Gastronomie zunehmend an Bedeutung gewinnt, sondern zu einem Symbol lokalen Selbstbewusstseins geworden ist. Es ist nichts weniger als das Resultat einer kulturellen Begegnung von Süden und Norden, in der das »Land, wo die Zitronen blühn« sich in eben jenem Lob von fremder Zunge wiedererkennt.

Achille Vianelli, Felsenküste bei Amalfi, Sepiazeichnung, 1841

Buchten und Grotten, Mühltal und Meer
Die Entdeckung der romantischen Landschaft

Goethe? Hier nicht!

Die Küste von Amalfi gilt heute als eine der schönsten Landschaften in Europa. Aber auch die Schönheit einer Landschaft hat ihre Geschichte, folgt zeitgebundenen ästhetischen Mustern, Vorlieben und Moden. Die Entdeckung der Costiera Amalfitana als Reiseziel fällt in die Zeit des frühen 19. Jahrhunderts und geht einher mit einer Veränderung der Reiserouten der Grand Tour und der Geburt einer neuen, modernen Ästhetik: dem Ideal der romantischen Landschaft. Damit beginnt – nach Seerepublik und Industrieregion – die dritte Karriere der Küste von Amalfi, und sie dauert bis heute an.

Die ideale Landschaft, wie sie europäische Reisende seit der Renaissance vor allem in Italien suchten, war zunächst und lange Zeit die klassische, mit Erinnerungen an die Antike gesättigte Landschaft gewesen. Die Reisewege der Grand Tour folgten diesen Spuren. Bis in die zweite Hälfte des 18. Jahrhunderts endeten sie am Golf von Neapel, neben Rom dem zweiten großen Schauplatz der Begegnung mit der Antike. Der Süden Italiens war *terra incognita*, ja eigentlich *terra non desiderata*, kein Sehnsuchtsziel. Oder, wie es ein französischer Reisender, Baron Auguste Creuzé de Lesser, auf seiner Grand Tour 1801/2 drastisch formulierte: »Europa endet in Neapel und es endet dort recht schlecht; Kalabrien, Sizilien, der ganze Rest gehört zu Afrika«.[1]

Mit der Entdeckung der griechischen Tempel in der sumpfigen Ebene von Paestum und ihrer Beschreibung durch Winckelmann (1761) und Piranesi (1778) verlängerten sich die Reiserouten erstmals nach Süden: Ein Ausflug an den Golf von Salerno wurde jetzt zum obligatorischen Programmpunkt der Grand Tour. Goethe hat ihn während seines siebenwöchigen Aufenthalts in Neapel im Frühjahr 1787 unternommen, sogar zwei Mal, hat dabei in Salerno übernachtet. Und natürlich war ihm Amalfi und sein Mythos ein Begriff, 1798 wird er im Theater in Weimar die Oper *La principessa d'Amalfi* inszenieren.[2] Besucht hat er den Ort dennoch nicht. Denn was von Interesse, von *seinen* Interessen, hätte er dort sehen können? Auch den klassischen Landschaftsmalern seiner Epoche wie Jakob Philipp Hackert, Joseph Anton Koch oder Johann Christian Reinhart blieb die Costiera fremd, entsprach nicht ihren Vorstellungen der »idealen« Landschaft.[3] Noch ist die Amalfiküste keine Sehenswürdigkeit. Sie gehört zu jenen süditalienischen Landstrichen, die eher *explorer* anlocken, Forschungsreisende wie den aufgeklärten Henry Swinburne, der in seinen *Travels in the Two Sicilies* in den Jahren 1777 bis 1779 erstmals mit präzisen und kritischen Informationen selbst über abgelegene Örtlichkeiten an der Amalfitana aufwartete. Im Übrigen befand auch er: »Die Kathedralkirche ist in dem unan-

Henry Swinburne, Amalfi, Radierung, 1785

genehmsten Geschmacke derjenigen Architektur gebauet, die in dem barbarischen Zeitalter erfunden oder angenommen worden, als die Griechischen Regeln und Ebenmaasse vergessen waren«.[4]

Bereits die äußeren Bedingungen machten einen Abstecher nach Amalfi zu einem Abenteuer. Es gab keine für Pferde oder gar Wagen nutzbare Straße längs der Küste, und die Möglichkeiten, ein Nachtlager zu finden, waren begrenzt. Als der Germanist Friedrich Heinrich von der Hagen, der Herausgeber des Nibelungenlieds, im Februar 1817 nach Amalfi kam (er forschte nach altdeutschen Handschriften aus dem »vaterländischen Mittelalter«), suchte er vergeblich nach einer Herberge; erst nach Mitternacht fand er zusammen mit seinem Begleiter, dem Berliner Maler Samuel Rösel, bei Privatleuten ein Quartier.[5] Ähnlich erging es dem Dichter August von Platen 1827 in Maiori (»Ein Apotheker nahm mich für Geld auf«).[6] Und wer, wie die besonders anspruchsvollen Briten, in Amalfi gastronomisch auf seine Kosten kommen wollte, konnte in seinem *travel guide* lesen, er möge sich doch vorab in Sorrent verproviantieren.[7]

Kein Wunder, dass das »einst hochberühmte Amalfi«, wie es die geographischen Handbücher gern nannten, in den Jahrhunderten der frühen Neuzeit von europäischen Reisenden kaum besucht worden war. 1550 stattete dort der britische Aristokrat Thomas Hoby auf seiner »Kavalierstour« dem Herzog Piccolomini einen Besuch ab, wunderte sich über den Tafelluxus, den er bei ihm vorfand.[8] 1632 verschlug es den französischen Abenteurer und Freigeist Jean-Jacques Bouchard in die Stadt, wo er das Wunder des »Manna« aus den Reliquien des heiligen Andreas als einen simplen Trick zu entlarven glaubte.[9] Der erste namhafte Amalfi-Grandtourist des bildungsbürgerlichen Zeitalters (und noch immer eine Ausnahme) war Donatien Alphonse Marquis de Sade, der 1776 den Dom aufsuchte, weil man ihm von römischen Antiken berichtet hatte, die dort zu sehen seien.[10]

Auf den Wogen und über die Berge. Die Anreise

Dass die Costiera Amalfitana als Reiseziel in Mode kam, zunächst von Schriftstellern und Künstlern entdeckt und schließlich zur touristischen Attraktion wurde, begann im Zeitalter der Empfindsamkeit. Der englische Philosoph Edmund Burke hatte als landschaftliches Ideal den Begriff des »Erhabenen« (*sublime*) geprägt, in Deutschland übernahmen Immanuel Kant und Friedrich Schiller den Begriff. Einsame, gleichsam leere Landschaften gerieten jetzt in den Blick – das Meer und seine Küsten, die Berge, das dunkle Szenario von Wäldern, Schluchten und Grotten. Die Landschaft wurde zum inneren Erlebnisraum, zum Spiegel des eigenen, autonomen Ich und seiner wechselnden Gefühle. Hinzu kamen das neu erwachte Interesse am Mittelalter und seiner Kunst und Architektur, ferner die Suche nach dem angeblich unverbildeten Leben des Volkes an den Rändern der Zivilisation. Und natürlich war da die Lust, neue, noch nicht ausgetretene Wege zu gehen. Innerhalb von wenigen Jahrzehnten wurden Amalfi und seine Umgebung auf diese Weise zum Inbegriff des Naturschönen, zu einem Haupt-Ort romantischer Landschaftswahrnehmung und Italienbegeisterung.

Schon die Fahrt die Küste entlang, von Salerno oder Vietri aus, war ein Abenteuer, nicht selten die einzige Gelegenheit während der gesamten Italienreise zu einer unmittelbaren Begegnung mit dem Meer. Mit rhythmischen *Mac-che-ro-ni*-Rufen feuerten sich die Ruderer in ihren ungeniert hochgekrempelten Hosen an, vorbei ging es am brüllenden Kap des Bären (Capo d'Orso), den geheimnisvollen »Sarazenentürmen« (tatsächlich den Überresten eines auf Sichtabstand konzipierten Verteidigungssystems längs der Küste),[11] nach ungefähr drei Stunden erreichte man Amalfi, wo man mangels einer Anlegemöglichkeit auf den kräftigen Schultern der Bootsleute an Land getragen wurde. Carl Blechen hat diese Art des »Ausbootens« am Golf von Neapel beobachtet und auf einer comic-artigen

Zeichnung festgehalten, dabei den Bootsleuten, die eine adrette Dame an Land tragen, ein zweideutiges *Non dubitate* in den Mund gelegt – nur keine falschen Gedanken![12]

Der Architekt Karl Friedrich Schinkel hat diese Tour unternommen (1824), der Dichter Wilhelm Waiblinger (1828), der Maler Carl Gustav Carus (1828),[13] und wie zahllose andere Reisende aus dem Norden waren sie beeindruckt von der romantischen Partie der Küste, aus deren wechselnden Prospekten immer wieder neue Szenerien in den Blick rückten.[14]

Wer von Sorrent kam, konnte zu Fuß oder zu Pferd über das Altopiano, die Hochebene, wandern und in die Bucht von Scaricatoio (heute Colli San Pietro) westlich von Positano absteigen (ein Weg von etwa drei Stunden) und sich dort nach Amalfi einschiffen.[15] Noch länger und anstrengender, jedoch als Bergtour reizvoll war der Weg aus Castellammare über die Monti Lattari, entweder über Pagani und den Chiunzi-Pass (fünfeinhalb Stunden) oder über Gragnano, Pimonte, Agerola und Furore (sieben Stunden).[16] Die letztere Tour unternahm Carl Blechen 1829 mit dem Esel und fertigte dabei Skizzen der Ortschaften am Weg an (Gragnano, Franche, Pimonte, Agerola, Bomerano).[17]

Auch die erste (mir bekannte) Frau von jenseits der Alpen, die Amalfi besuchte, die 35-jährige irische Salonnière Lady Marguerite Blessington, machte im Mai 1824 die Tour über die Berge, von Amalfi nach Castellammare, allerdings auf einer *chaise-à-porteur*, einem »Tragstuhl«, wobei für jeden Reisenden ihrer Equipe (sie war natürlich in Begleitung unterwegs) acht Träger angeheuert werden mussten, vier als Reservemannschaft. »Die Stuhlträger verlangten nur von den Aufsitzenden, ein perfektes Gleichgewicht zu halten, indem sie in schnellem Trab die steilsten Bergpfade erklommen, Schluchten überquerten, in denen rauschende Wasser strömten, und Abstürze passierten, die einen schwindlig machten, wenn man nach unten sah; und das alles mit einer Geschwindigkeit und Trittsicherheit, die wahrhaft überraschend war«.[18]

Der mühsamen Anreise folgte nur selten ein längerer Aufenthalt. Die meisten Besucher Amalfis sahen sich nur kurz in der Stadt und ihrer unmittelbaren Umgebung um, in der Regel im Rahmen eines Tagesausflugs. Ein Stop von vier Stunden genüge, meinte auch der Reiseführer.[19]

Maler, Dichter, Gelehrte – und die ersten Amerikaner

Es ist verblüffend, in welch kurzer Zeit das abgelegene und vorher kaum besuchte Amalfi in den ersten drei Jahrzehnten des 19. Jahrhunderts zu einem Brennpunkt des touristischen Interesses von Malern, Architekten, Schriftstellern, Gelehrten und reisenden Enthusiasten zumeist der jüngeren Generation werden sollte, in der Mehrzahl aus den deutschen Ländern. Dazu zählten die Vertreter der romantischen Landschaftsmalerei, neben den bereits genannten unter anderem Joseph Rebell (1817), Thomas Ender (1820), Johann Joachim Faber (1823), Ludwig Richter (1825), Johann Heinrich Schilbach (1825) und Ernst Fries (1826). Allein im Jahrzehnt zwischen 1820 und 1830 sind rund sechzig Aufenthalte von bildenden Künstlern dokumentiert.[20] Zu den frühen Amalfi-Enthusiasten aus dem Vereinigten Königreich gehörten William Turner mit seinen rasch zu Papier gebrachten Bleistiftskizzen (1819),[21] der Maler und Dichter Edward Lear (1838), der sich mehrfach und längere Zeit am Ort aufhielt,[22] und der Schriftsteller John Ruskin (1841). Aus Paris kam Camille Corot (1828), aus St. Petersburg Sylvester Schtschedrin (1828), aus Norwegen Johan Christian Clausen Dahl (1820) und Thomas Fearnley (1834).

Zu den Malern gesellten sich die Dichter, Amalfi wird zum Gegenstand verschiedener empfindsamer, nostalgischer oder hymnischer Gedichte.[23] Eher prosaisch wunderte sich der amerikanische Lederstrumpf-Autor James Fenimore Cooper im August 1829 über die so gänzlich unamerikanische Anlage der Stadt und der dänische Märchendichter

William Turner, Amalfi, Bleistiftskizze, 1819

Hans Christian Andersen im März 1834 über die halbnackt am Strand herumlaufenden Kinder und den exzessiven Weinkonsum seiner Gefährten. Beide Autoren werden die Örtlichkeit zum Schauplatz eines zeitgenössischen Bestsellers machen.[24] Und damit, neben den Gedichten, Gemälden, Graphiken, Presseberichten und Reisebeschreibungen, die Fama der Stadt auch unter jenen verbreiten, die nicht – oder noch nicht – am Ort selber waren.

Auch Gelehrte fanden jetzt auf ihren Studienreisen nach Amalfi. Aus den deutschen Ländern kamen unter anderem der Berliner Jurist und spätere preußische Minister Friedrich Karl von Savigny (1827), der Göttinger Historiker Georg Gottfried Gervinus, einer der »Göttinger Sieben« (1832), oder der Kölner Kunsthistoriker Sulpiz Boisserée (1838) – alle drei in unterschiedlicher Weise von den zeitgenössischen Ideen der Romantik inspiriert.[25]

Mit Samuel F. B. Morse schließlich kam im Juli 1830 nicht nur ein großer künftiger Erfinder, sondern nächst Cooper einer der ersten Amerikaner nach Amalfi. Er erlebte dort beklommen eine seltsam unruhige Sommernacht, am nächsten Tag fand man unter seiner Terrasse einen Toten – wieder einmal hatte Amalfi Gefühle des Unheimlichen mobilisiert.[26]

Das Ganze war ein Gemälde!
Lieblingsplätze und Bildmuster

Dabei genügten einige wenige topographische Fixpunkte und deren immer wiederkehrende malerische oder literarische Darstellung, um in Europa ein Bild der Amalfiküste entstehen zu lassen, das Hans Christian Andersen bei seinem Besuch in die begeisterten Worte fassen konnte: »Das Ganze war ein Gemälde!«[27]

Das Meer und die Küste spielten dabei eine wichtige Rolle. Vor allem der felsige Strandabschnitt mit den übereinander getürmten Klippen im Westen der Stadt bot den Malern ein oft und gern genutztes Motiv,[28] ebenso wie die dort einsam thronende »Casa di Teresa«.[29] Es sind Ansichten einer ursprünglichen, wilden Natur, in denen der Betrachter sich klein und verloren fühlen mochte. Selbst eine Telegraphenstation konnte in diesem Ambiente Teil einer romantischen Naturansicht werden.[30]

Ein anderer Fixpunkt war das hoch über der Stadt gelegene ehemalige Kapuzinerkloster mit seinem verfallenen Kreuzgang.[31] Es war während der Franzosenzeit aufgehoben worden, die romantischen Ansichten belebten es allerdings weiterhin gern mit wandelnden Kuttenträgern. Das (imaginäre) Motiv vom »Mönch auf der Terrasse« sollte später von den Photoagenturen (Sommer, Alinari, Brogi) übernommen und massenhaft bis ins Zeitalter der Bildpostkarten tradiert werden. Die am Eingang des ehemaligen Klosters gelegene Gethsemane-Grotte[32] oder der Blick aus ihr auf die Stadt zählten ebenfalls zu den immer wiederkehrenden Bildmotiven.[33]

Überhaupt die Grotten! Die Costiera ist reich an ihnen, auf dem Land waren sie oft Kultstätten,[34] an der Küste Arbeits- und Rastplatz der Fischer. Jetzt werden sie zu einem romantischen Faszinosum, begeistern die Besucher bereits bei der Fahrt entlang der Küste. Am Strand von Maiori lockte die *Grotta dell'Annunziata* zu einem kurzen Halt – lange Zeit die einzige Sehenswürdigkeit des Ortes.[35]

Franz Ludwig Catel, Blick aus der Grotte beim Kapuzinerkloster, Ölgemälde, 1818/24

Andere Meergrotten lagen an dem zerklüfteten Küstenabschnitt westlich von Amalfi. Bereits im 19. Jahrhundert entstand, gefördert von lokalen Gästeführern, ein regelrechter Grottentourismus.[36] Und mit einer 1932 von einem einheimischen Fischer »entdeckten« und von der lokalen Fremdenverkehrsbehörde zur »Smaragdgrotte« (*Grotta dello Smeraldo*) deklarierten Höhle bei Conca verfügte die Costiera schließlich über ihr Pendant zur »Blauen Grotte« auf der Insel Capri.

Und dann das Mühltal! Wilhelm Waiblinger hatte es dem deutschen Publikum mit seinem Amalfi-Gedicht bekannt gemacht, und der »romantische Pfad« durch die Schlucht des Canneto-Bachs traf den Nerv der Besucher.[37] »Jeder Fremde läßt sich die Valle dei Molini zeigen«, notierte Victor Hehn 1839 in sein Tagebuch.[38] Man folgte dem schmalen Weg, der sich, vorbei an den Papier- und Kornmühlen, immer höher hinauf in die Berge schlängelte, bis man am Ende den alten, inzwischen stillgelegten Eisenhammer erreichte. Mit dem rauschenden Bach, der sich immer wieder zu kleinen Kaskaden staute, den klappernden Mühlen, der reichen, immergrünen Vegetation mit den geheimnisvollen Riesenfarnen war es eine romantische Waldlandschaft *par excellence*, die, je höher man kam, immer einsamer und verwunschener wurde und den Zauber des Südens mit den Bildern verband, welche die zeitgenössische Literatur von Novalis über Eichendorff bis zu Wilhelm Müller von solchen Orten und ihren Menschen entworfen hatte.[39]

Nicht zuletzt für die Maler war das Mühltal von Amalfi ein Eldorado. Man komme hier nicht mehr zu sich vor der Menge »malerischer Punkte«, bemerkt Karl Friedrich Schinkel bei seinem Spaziergang 1824.[40] Die schönsten Eindrücke verdanken wir Carl Blechen. Die lichtdurchfluteten Sepiazeichnungen, die er während des einwöchigen Aufenthalts im Sommer 1829 in seinem *Amalfi-Skizzenbuch* festgehalten hat, geben zudem topographisch die präzisesten Ansichten einer heute gänzlich veränderten Lokalität.[41] Mit seinen Ölgemälden *Mühlental bei Amalfi* und *Schlucht bei Amalfi*[42] hat er Ikonen einer romantischen Landschaft geschaffen, die den Ort bis heute im Bewusstsein präsent gehalten haben, ähnlich wie, auf stilistisch ganz andere Weise, Ludwig Richters arkadisches Ölgemälde *Tal bei Amalfi*.[43]

Nur flüchtige Blicke galten dem Dom der Stadt. »Entsetzlich modernisiert« findet ihn Gustav Klemm, Begleiter des sächsischen Prinzen Johann, »von dem tollsten Ungeschmack« Fanny Hensel, geborene Mendelssohn.[44] Für die barocke Architektur fehlte das Verständnis, die dahinter verborgene arabisch-normannische Bauweise nahm man nicht wahr.

Wer Zeit hatte, konnte noch das benachbarte Atrani besuchen, einen Ort, der wegen seiner pittoresken Lage zwischen den Bergen und der kühnen Bogenkonstruktion eines Viadukts faszinierte – »wie ein Märchen des Ariost« sieht ihn Waiblinger vom Meer aus auftauchen.[45] Der Wiener Landschaftsmaler Joseph Rebell hat ihn in einem Ölgemälde (1817) zur Szenerie einer idyllischen Hafenansicht gemacht.[46]

Joseph Rebell, Atrani, Ölgemälde, 1817

So weit das Programm des »Sehenswerten«. Es galt zunächst fast ausschließlich dem Ort Amalfi und seiner unmittelbaren Umgebung und umfasste alles in allem nicht mehr als einen Radius von höchstens einem bis zwei Kilometern im Halbrund um den Hafen von Amalfi. Der Rest war Hinterland.

Der fremde und der eigene Blick. Die Scuola di Posillipo

Es nimmt nicht wunder, dass sich mit dem »fremden« Blick von reisenden Künstlern aus der halben Welt der »eigene Blick« der Italiener auf ihre Landschaft veränderte. Um das Atelier des aus den Niederlanden eingewanderten Malers Anton Sminck van Pitloo in Neapel bildete sich eine Gruppe junger Maler, die in Übernahme und Weiterführung romantischer Muster aus dem Norden den Stil der italienischen Landschaftsmalerei revolutionierten. Sie wurde unter dem Namen »Scuola di Posillipo« bekannt. Künstler wie Giacinto und Ercole Gigante, Achille Vianelli oder Teodoro Witting entdeckten ebenso wie ihre Kollegen aus dem Norden die »malerische« Amalfiküste, besuchten sie regelmäßig, oft gemeinsam und zu längeren Aufenthalten.[47]

Ihre Arbeiten, die in der Wahl der Motive und ihrer Ausführung denen der nordeuropäischen Künstler manchmal verblüffend ähneln, sind in Deutschland weniger bekannt, gehören in Italien jedoch zu den frühen Meisterwerken der »Arte Moderna«.[48]

Klosterbruder für eine Nacht. Die Herbergen

Zu besonderen Attraktionen in Amalfi entwickelten sich schon bald die beiden ersten Herbergen des Ortes, beides säkularisierte Konvente. Das 1212 gegründete Zisterzienser- und spätere Kapuzinerkloster wurde um 1826 von einem gewissen Gregorio Vozzi als *locanda* übernommen und schon bald die »weltberühmte Karawanserai aller nach Amalfi pilgernder Künstler« (Adolf Stahr, 1845).[49] August von Platen war einer der ersten Gäste, hat das Ambiente in seinem *Amalfi*-Gedicht besungen, später der amerikanische Lyriker Henry Wadsworth Longfellow, dem die Kommune hier 1924 eine Gedenktafel gesetzt hat.[50] Im »Cappuccini« konnte man durch die langen, verödeten Flure streifen, im Refektorium speisen, in einer der schmalen Zellen nächtigen, kurzum sich ganz »à la Mönch« fühlen, wie es kokett Fanny Hensel ausdrückt, die – übrigens als erste mir bekannte deutsche Künstlerin in Amalfi – 1840 mit ihrem Mann und ihrem zehnjährigen Sohn in dem ehemaligen Kloster logierte. Und vergnügt nach Berlin berichtete, dass sie in dieser »originellsten Kneipe, die es vielleicht in der Welt gibt« die ersten Pellkartoffeln in Italien gegessen hätten.[51]

Der Wirt pflegte nicht nur eine gute Küche und erfreute seine Gäste gelegentlich durch romantische Fackelbeleuchtung des mittelalterlichen Kreuzgangs, sondern führte auch ein Gästebuch, nach dessen Durchsicht man sich einreihen konnte in die Zahl der Auserwählten, die hier Gast sein durften.[52] Denn dass das ehemalige Kloster hoch über der Stadt »the most beautiful inn in the world« sei, wie die

Frankenstein-Autorin Mary Wollstonecraft Shelley 1843 schrieb, galt über Generationen hinweg als ausgemacht.[53]

Der zweite Konvent in Amalfi, der nach seiner Aufhebung zunächst eine bescheidene Herberge, später ein renommiertes Hotel werden sollte, war das Kloster San Francesco, ebenfalls aus dem 13. Jahrhundert stammend. Es wurde von der Familie Barbaro übernommen, ein früher Gast war der Hannoveraner Maler Wilhelm Ahlborn, der dort 1829 den Blick auf das tobende Meer genoss.[54] Auch im »Luna«, wie das Hotel am östlichen Ende der Stadt schon in den 1830er Jahren hieß, reizte die Atmosphäre des verlassenen Klosters mit dem mittelalterlichen Kreuzgang. Der aus Paris kommende Gelehrte Alexis de Tocqueville, der dort im Winter 1851 logierte, berichtet, dass man den Gästen am Abend drei Kerzen mit aufs Zimmer gegeben habe, mehr war nicht zu bekommen. »Wir gingen also aus Mangel an Licht um 10 Uhr zu Bett«.[55]

Das »Luna« erlangte später eine gewisse Berühmtheit durch den Aufenthalt von Henrik Ibsen. Der norwegische Schriftsteller hatte sich im Sommer 1879 für drei Monate hierher zurückgezogen, um sein Drama *Nora* zu schreiben.[56] Die Eintragung im Gästebuch wurde von einem seiner Verehrer herausgelöst, woraufhin der Autor seinen Dank 15 Jahre später mit einem Brief aus Oslo erneuerte – auf ausdrückliche Bitte der Padrona Barbaro hin, die inzwischen erfahren hatte, wen sie damals beherbergt hatte.[57] Denn berühmte Gäste waren ein Kapital geworden – man musste nur wissen, wer sie waren.[58]

Schwieriges Miteinander. Die Fremden und die Einheimischen

Die Romantisierung der Landschaft ging einher mit der Romantisierung ihrer Bewohner. Die Kontakte waren zwar begrenzt, in der Regel auf Bootsleute, Fremdenführer und das Personal in den Herbergen. Und die Verständigung schwierig – an der Costiera wurde neapolitanisch gesprochen. Dennoch verzichtet kaum ein Reisebericht auf Notizen über Begegnungen mit den Menschen am Ort. In ihnen spiegeln sich oft Wunschbilder eines glücklichen, naturnahen Lebens, wie es das Zeitalter der Romantik bei den Angehörigen der sozialen Unterschichten nicht zuletzt im Süden wiederzufinden hoffte. Der Blick der Besucher fällt auf schöne Menschen, auf reizende Knaben und Jünglinge, deren Profile an griechische Bronzen erinnern, auf Mädchen, in denen Goethes Mignon lebendig zu werden scheint. Frauen gleichen heiteren Nymphen oder den stolzen Figuren antiker Lastenträgerinnen. Die stets munteren Bootsleute singen beim Rudern (sie taten das übrigens auch, um den Rhythmus zu halten, was genaueren Beobachtern durchaus auffiel), und die Fischer am Strand sind die mythischen Repräsentanten der Natur und der Liebe.[59] Der Dichter Wilhelm Müller erfindet in seinen *Liedern aus dem Meerbusen von Salerno* sogar die Figur der »Fischerin« – man hätte sie in Fleisch und Blut wohl vergeblich gesucht, ebenso wie Friedrich Försters lyrische »Müllerin« im Mühltal von Amalfi.[60]

Andere reihten sich ein in die Zahl derer, die, wie im Zeitalter der Romantik üblich, auf Reisen den Zeugnissen der Volkskultur auf der Spur waren. Der junge französische Orientalist Edouard Gauttier d'Arc notierte den Text einer Barkarole, die seine Bootsleute 1825 auf der Fahrt von Vietri nach Amalfi gesungen hatten.[61] Und der Volksliedersammler August Kopisch teilte zwei Kanzonen »aus Amalfi« mit.[62] Verstreute Nachrichten über Feste, Gebräuche, Nahrungsgewohnheiten und Kleidersitten lassen sich heute als frühe Mosaiksteine zum Bild einer lokalen Volkskultur nutzen. Und vor allem britischen Reisenden verdanken wir Beobachtungen zur Geschichte der Papiermühlen und der Maccheroni-Manufakturen.[63]

Weniger erfreulich gestalteten sich die Begegnungen, wenn das Volk nicht in einzelnen Exemplaren, sondern in größeren Gruppen in Erscheinung trat. »Noch nie zuvor habe ich eine solche Szene von Streiten, Betteln, Geschrei und Habgier erlebt wie die nach unserer Landung am Strand von Amalfi«, berichtet der erwähnte Cooper 1829. »Männer, Frauen und Kinder bedrängten uns in Scharen, vor allem die beiden letzteren, bis wir gezwungen waren, entschiedene Maßnahmen (*strong measures*) zu ergreifen, um sie loszuwerden«.[64] In solchen Augenblicken verwandelten sich die heiteren, unschuldigen Naturkinder leicht in zudringliche Quälgeister und bettelnde Faulenzer. Um sie sich vom Leib zu halten und sich mit ihnen zugleich, wie es in einem Gästebuch heißt, »einen Mordsspaß« zu machen, warf man kleine Münzen ins Wasser und ließ sie danach tauchen.[65] Einen gewalttätig ausgetragenen Kulturkonflikt schildert Friedrich Theodor Vischer, Professor für Ästhetik an der Universität Tübingen, der 1840 seinem einheimischen Kutscher einen Faustschlag versetzte und ihn anschließend mit der Pistole bedrohte, weil er nach Meinung des deutschen Tierfreundes die Zugpferde zu roh behandelt habe.[66] Mit alledem steht die Entdeckung Amalfis – als eine der frühesten nachklassischen Destinationen Italiens – beispielhaft für die Folgen touristischer Begegnungen.

Mythos Amalfi

Es ist erstaunlich, wie schnell sich seit dem frühen 19. Jahrhundert der Ruf Amalfis in ganz Europa und bis in die Vereinigten Staaten verbreitete. Neben mündlichen Berichten spielten dabei die zeitgenössischen Medien eine wichtige Rolle, die jetzt ihrerseits bestimmte Erwartungen weckten und am Ort selber die Wahrnehmung beeinflussten. Mary Shelley liest 1843 an der Amalfiküste gerührt Samuel Rogers' empfindsames Amalfi-Poem, Fanny Hensel denkt 1840 vor dem Dom an ein entsprechendes Motiv von Franz Ludwig Catel, und der Berliner Feuilletonist Titus Ullrich kennt 1854 bereits die »großen Strandblöcke« am

Hotel Cappuccini mit Kapuzinermönch (Photo G. Sommer, um 1880)

Westufer der Marina aus, wie er schreibt, »Dutzenden von Kunstausstellungen«.[67] Der Mythos Amalfi war geboren, der, wie jeder touristische Mythos, schon früh mit der erlebten Realität kollidieren konnte. »So Großes, wie man mir früher von Amalfi gerühmt hatte, hat sich mir nicht gezeigt«, bemerkt Carl Gustav Carus 1828 enttäuscht nach einem Spaziergang durch das Mühltal, und der Vormärz-Autor Ernst Willkomm notiert, er habe sich das berühmte Kapuzinerkloster und seinen Kreuzgang »nach den vielfachen Schilderungen« doch großartiger gedacht, als er es vorgefunden.[68]

Mit dem Mythos Amalfi war zugleich der Weg in den Tourismus der Vielen vorgezeichnet. Was Künstler und Schriftsteller entdeckt, also ins Bewusstsein gehoben hatten, sollte sich bald wachsender Beliebtheit beim großen Publikum erfreuen. Die Modernisierung der Verkehrswege um die Mitte des 19. Jahrhunderts kam dem entgegen. Mit der 1853 eröffneten Straße zwischen Vietri und Amalfi, einem Wunderwerk der frühen Straßenbaukunst, war es möglich geworden, die Küstenorte auf dem Landweg und mit Fahrzeugen zu erreichen. »Diese Straße wird die Lage der in diese unwirtlichen und gebirgigen Gegenden eingezwängten Ortschaften verändern und verbessern«, erhoffte sich der Amalfitaner Historiker Matteo Camera anlässlich der feierlichen Eröffnung.[69] Er mochte dabei an die traditionellen Manufakturen und Gewerke gedacht haben, die sich seit Beginn des 19. Jahrhunderts in einer zunehmenden Krise befanden. Tatsächlich sollte sich seine Prophezeiung auf eine ganz andere Weise erfüllen. Die Straße wurde zur Arterie des kommenden Massentourismus.

Bronzestatue des Ruhenden Merkur aus Herculaneum (Kopie) in der Villa Cimbrone

Reiz des Moresken
Die hängenden Gärten von Ravello

Hinauf in die Berge!

Ravello, Raviello, Rebellum! Auch die Erinnerung an diesen Ort, einst stolze Bastion der Repubblica Marinara di Amalfi, war im Europa der frühen Neuzeit nicht gänzlich erloschen. Boccaccio hatte ihm mit seiner Novelle über das abenteuerliche Schicksal des Kaufmanns Landolfo Rufolo ein literarisches Andenken gesetzt, und die gelehrten geographischen Kompendien schuldeten Ravello wenigstens eine kurze, respektvolle Erwähnung. Es sei »an Schönheit und stattlichen Gebäuen unter die fürnehmste Städte dieses Königreichs« zu zählen, heißt es etwa in Merians *Topographia Italiae* von 1688,[1] aber solche Urteile beruhten natürlich keineswegs auf persönlicher Anschauung. Tatsächlich war der Ort, der im hohen Mittelalter nicht weniger als 30.000 Einwohner gehabt haben soll, in dieser Zeit bereits im Dornröschenschlaf versunken, einschließlich seiner ehedem »stattlichen Gebäue«. Noch heute zeugen die gewaltigen Ruinen des Palazzo Marra mitten in der Stadt – einer Stadt, die man eher ein Dorf nennen müsste – vom Glanz und Niedergang des Ortes.

Seine Lage auf den Bergen, mehr als 300 Meter über dem Meer, bestimmte sein historisches Schicksal, ähnlich wie das des benachbarten Scala. Die lokale Ökonomie umfasste bescheidene landwirtschaftliche Flächen, Weidewirtschaft und textiles Heimgewerbe, in den umgebenden Kastanienwäldern arbeiteten Holzfäller und Köhler.[2] Dass 1818 dem Ort das Privileg des Bischofssitzes von 1086 entzogen, dieser nach Amalfi verlegt wurde, bezeichnet symbolisch die geschwundene Bedeutung der Bergkommune, die einst zu den mächtigsten Mitgliedern der Seerepublik gehört hatte.

Auf der anderen Seite entgingen, anders als in Amalfi, die beiden Klöster des Orts, San Francesco und Santa Chiara, ihrer Auflösung in der Franzosenzeit, Ravello blieb geprägt durch seine franziskanische Spiritualität. Ein im Weg liegender Steinblock, auf dem Franz von Assisi bei seinem Besuch der Stadt ausgeruht haben soll, überdauerte sogar die mehrfache Modernisierung der Straße und genießt bis heute Respekt. Auch Scala blieb eher der Tradition verhaftet: Hier gründete Alfons von Liguori 1732 den ersten Konvent des bis heute tätigen Redemptoristenordens.

Der Wanderer mit dem Skizzenbuch. Carl Blechen

Es wundert nicht, dass selbst in Zeiten, als Amalfi längst Ziel zahlreicher europäischer Reisender geworden war, so gut wie keiner von ihnen den Weg nach Ravello fand. Der Erste, von dem wir es wissen, war der unerschrockene Carl Blechen, der während seines einwöchigen Aufenthalts in Amalfi im Sommer 1829 den obligatorischen Spaziergang durchs Mühltal zu einer veritablen Wandertour in die Berge ausdehnte. Die Blätter seines *Amalfi-* und seines *Neapler Skizzenbuchs* lassen seinen Weg rekonstruieren, es sind die frühesten Ansichten überhaupt, die von Ravello und den anderen von Blechen besuchten Örtlichkeiten bekannt sind.[3] Unterwegs erkundigte sich der Wanderer immer wieder bei Einheimischen nach den Namen der einzelnen Lokalitäten, die er dann in der Dialektform (zum Beispiel *Raviello* statt *Ravello*) in die Signaturen seiner Zeichnungen übernahm.

Blechen erklomm vom Mühltal aus zunächst den steilen Treppenweg, der längs der überhängenden Felswand in das Dorf Pontone führt (*Skizzenbuch*, Nrn. 52–54). Von

Carl Blechen, Platz in Ravello am Aufgang zum Kastell (Amalfi-Skizzenbuch), Sepia über Graphit, 1829

dort wanderte er weiter bergauf über die Ruine der Kirche Sant'Eustachio (Nr. 55) und den Flecken Minuta (Nr. 57) nach Scala (Nrn. 58, 59). Durchs Dragone-Tal (Nrn. 60–62) ging es dann weiter nach Ravello (Nrn. 63–65), wohl dem eigentlichen Ziel seiner Tour.[4] Von hier stieg er nach Minori ab und kehrte längs der Küste über Maiori (Nr. 66) nach Amalfi zurück.

Die Zeichnungen, die bei dieser Wanderung entstanden, sind nicht nur künstlerisch, sondern auch lokalhistorisch von Bedeutung. Blechen legte großen Wert auf präzise Wiedergabe des Gesehenen, was Vergleiche von einstigen und jetzigen Verhältnissen ermöglicht. Eine Zeichnung der Piazza Fontana in Ravello besticht nicht nur durch ihren künstlerischen Reiz im Spiel von Licht und Schatten, sondern zeigt auch, dass die Bewohner gerade eine Reihe von schlanken Bäumen zur Weiterverwendung geschält, an die Mauern gestellt und die Reste neben dem Brunnen aufgeschichtet hatten.[5] Ein Bild, auf dem Landschaft und menschliche Arbeit sich verbinden.

Durchs Drachen-Tal

Auf kürzerem Weg als Blechen, allerdings keineswegs bequemer erreichte man Ravello auf dem Treppenweg, der von Atrani durch das schmale Dragone-, das »Drachen«-Tal in die Berge führte. Friedrich Förster, Kustos der Berliner Kunstkammer, erklomm ihn unter großen Mühen im Herbst 1829, er suchte in Ravello (vergeblich) nach einem Manuskript zur Geschichte Amalfis, stieß dafür auf die halbverfallene »Casa Ruffa«, in der nur noch ein alter Sonderling lebte.[6] Fast zehn Jahre später ließen sich der Kunsthistoriker Sulpiz Boisserée und seine Frau Mathilde auf Tragstühlen nach oben transportieren, sahen sich kurz im Ort um (»merkwürdige Kirche«) und kehrten erschöpft wieder zurück.[7] Auf gleiche Weise erreichte Mary Wollstonecraft-Shelley 1843 den Ort, bemerkte im Dom »einige alte Bilder«, gewann aber ebenfalls keine tieferen Eindrücke.[8] Erst ihr Landsmann, der Zeichner Edward Lear, der später als Nonsens-Dichter berühmt werden sollte, sah sich dort genauer um, er besuchte den Ort während seines Amalfi-Aufenthalts im Sommer 1844 sogar zweimal, um dort zu zeichnen.[9]

Es muss nicht einfach gewesen sein, sich als Fremder hier oben zu orientieren, in diesem kleinen Dorf, von dessen großer Vergangenheit man eine vage Ahnung hatte und das sich jetzt »verwüstet und zu einem elenden Nest herabgesunken« präsentierte, wie es der erwähnte Friedrich Theodor Vischer an einem Frühlingstag des Jahres 1840 nostalgisch empfand: »Auf einem freien Platze sassen zwei modern, doch arm gekleidete Herren und sonnten sich, – mein Führer sagte mir, dass dies die Trümmer des einst zahlreichen und sehr begüterten Adels der Stadt seien«.[10] Die Zeit für die Sehens-Würdigkeit dieses Ortes musste erst noch kommen. Sie kam rund eine Generation später als für Amalfi, und wiederum stand ein Wandel der allgemeinen Geschmacksvorlieben am Beginn. Es war die Sensibilisierung für das »Orientalische«, die

Kunst und Kultur des Orients und des maurischen Spanien, wie sie seit der Mitte des 19. Jahrhunderts in Mode kam.[11]

Ganz arabisch anzusehen. ***Im Bann des Exotischen***

Am 21. Juli 1853 wandert der 32-jährige Ferdinand Gregorovius, damals noch eher Dichter als Mittelalter-Historiker, auf der soeben fertiggestellten Straße von Vietri in Richtung Amalfi. »Von allen Wanderstraßen, die ich in Italien gezogen bin, hat mir diese den reizendsten Eindruck zurückgelassen«, wird er sich später in seinem literarischen Reisebericht erinnern.[12] Dieser Reisebericht gehört nicht nur zum Schönsten, was über die Amalfiküste geschrieben wurde, er überrascht zugleich durch seine Route: Sie führt gerade nicht nach Amalfi. In Atrani verlässt Gregorovius die Küstenstraße und steigt auf einem der steilen Treppenwege nach Ravello hinauf.[13] Denn was er sucht, ist nicht so sehr der Zauber der Landschaft. Es sind die architektonischen Zeugnisse des »Maurischen« oder »Moresken« (wie man damals sagte) aus der Zeit der arabischen Prägung

Ferdinand Gregorovius, Maurischer Pallast, genannt teatro moresco, Villa Rufolo, Zeichnung, 1853

Süditaliens. Bereits in Cetara und in anderen Küstenorten hatte er sie gefunden – »nun aber traten wir in das alte Ravello ein, und hatten plötzlich, mitten in dieser abgelegenen Felsenwildniß, eine maurische Stadt vor uns, an Türmen und Häusern mit phantastischen Arabesken ganz arabisch anzusehen«.[14] Seine Begeisterung kennt keine Grenzen, bereits das Franziskanerkloster erscheint ihm »ganz moresk«, und als er die Villa Rufolo in seinem Skizzenbuch festhält, notiert er dazu »Maurischer Pallast, genannt teatro moresco«.[15] Als »eine kleine Alhambra, ein prächtiges Gebäude von mehr als dreihundert Gemächern« preist er sie überschwänglich in seinem Reisebericht.[16]

Ein neuer Blick fällt jetzt auf den weltverlorenen und halb verfallenen Ort, verleiht ihm den Glanz des Exotischen. Ravello wird zur »maurischen Stadt«.

Anderthalb Jahre später publiziert Gregorovius den Bericht seiner Wanderung unter dem Titel *Saracenische Reminiscenzen vom Golfe von Salerno* in der Augsburger ›Allgemeinen Zeitung‹, einem der wichtigsten deutschen Presseorgane.[17] Später wird er aufgenommen in seine vielgelesenen *Wanderjahre in Italien*. Er lenkt, beschwingt vom Zeitgeist des Orientalismus, den Blick auf die außerordentlichen Spuren jener arabisch-normannischen (oder, so die Italiener, »arabisch-sizilischen«) Bau- und Gartenkultur in Ravello, wie sie dem Reisenden auf dem Weg in den Süden erst wieder in Sizilien oder dem andalusischen Spanien begegnen.

Die »orientalische« Wahrnehmung des Ortes bestimmt den jetzt einsetzenden Ravello-Tourismus.[18] Adolf von Schack, vom morgenländischen Eros begeisterter Münchner Dichter und Kunsthistoriker, hört hier »den Geist der orientalischen Poesie in den Wipfeln zu meinen Häupten rauschen«, und der Journalist Woldemar Kaden meint beim Anblick der Bewohner des Städtchens gar das »Allah il Allah« ihrer Vorfahren zu vernehmen.[19] Auch außerhalb von Ravello fällt der Blick nun überall auf »Morgendländisches«. »Die ganze Küste ist maurisch (*moorish*)«, begeistert sich die irische Schriftstellerin Julia Kavanagh auf ihrem Weg von Salerno nach Amalfi, nennt Atrani »ein kleines Algier oder Tunis« und ist entzückt von den »sarazenischen« Gesichtszügen der Einheimischen, die sie mit den angeblich »griechischen« Profilen im benachbarten Sorrent vergleicht.[20] Selbst in der barocken Kathedrale von Amalfi konnte man sich jetzt, wie der Historiker Heinrich von Treitschke, »an den Grenzen der europäischen Welt« fühlen.[21]

Es ist die Zeit, in der das Nicht-Europäische zum Faszinosum von Künstlern und Gebildeten wird und auch die Wahrnehmung des mediterranen Italien bestimmt. »Das ist nicht mehr Europa – endlich nicht mehr Europa!«, jubiliert Thomas Mann 1896 in Neapel,[22] und noch in den zwanziger Jahren haben Autoren wie Ernst Bloch und Walter Benjamin dieses »Andere« des Südens registriert. Es gehört zum bleibenden Zauber von Ravello, wie ihn Theodor Adorno nach seinem Besuch der Stadt 1925 in den schönen dialektischen Satz verdichtet hat: »Das byzantinische Ravello – oberhalb von Amalfi – läßt einen in den Osten schauen einen Abend lang und verschließt sich mit seinen Springbrunnen italienisch dann wieder, auf seinem Berg«.[23]

Auch in der Region selber wurde, die fremde Wahrnehmung spiegelnd, das Orientalische zum stilistischen Vorbild und Muster der Identität. Als die schlichte barocke Fassade des Doms von Amalfi in den 1880er Jahren renoviert werden musste, erstand sie neu als gewaltige neobyzantinische Struktur, mit einer erweiterten Portikus-Fassade im arabisierenden Stil, über der ein Tympanon mit goldleuchtenden Mosaiken hoch in den Himmel ragt.[24] Und in Ravello wurde, bescheidener, irgendwann aus der guten alten Piazza Fontana mit ihren wasserspeienden romanischen Tierfiguren eine Piazza Fontana Moresca.

Der schottische Gärtner. Francis Nevile Reid und die Villa Rufolo

Dass dieses Flair des Orientalischen sich im modernen Ravello weiter entfalten konnte, ist einem Mann zu verdanken, dessen Name, zusammen mit dem seiner Frau, auf einer Marmortafel an der Piazza glänzt: Francis Nevile Reid. Sein Wirken hat das Gesicht des Ortes bis heute entscheidend geprägt. Mit ihm nimmt eine Geschichte Gestalt an, in der sich Fremdes und Eigenes in einem wechselseitigen Prozess kultureller Aneignung zu einem Neuen verbinden, das zugleich als ursprünglich und in langer Dauer entstanden erscheinen konnte.[25]

Francis Nevile Reid (London 1826 – Ravello 1892), aus einer wohlhabenden schottischen Familie gebürtig und einer der zahlreichen *expatriats* in der britischen Kolonie in Neapel, kaufte im Jahr 1851, damals 25 Jahre alt, die verfallenen Gebäude der mittelalterlichen Villa Rufolo samt dem umliegenden verwilderten Gelände und baute sie in den folgenden vierzig Jahren zu seinem Wohnsitz um. Es ist ein Schritt, der in Florenz oder am Comer See in jener Zeit nichts Besonderes gewesen wäre, in dem abgelegenen Ravello jedoch ohne Beispiel ist. Leider wissen wir nichts über die Motive Reids und seiner Ehefrau Sophia Caroline Carmichael, ihre Aktivitäten lassen aber neben der unverkennbaren Zuneigung zu diesem Ort ihre philanthropische Leidenschaft für dessen Förderung und Verbesserung erkennen.

Reid und seine Frau ließen nicht nur den Palazzo aus dem 13. Jahrhundert und seine Nebengebäude umbauen und ihren modernen Komfort-Bedürfnissen anpassen,[26] ihre besondere Liebe galt den Gärten. Reid war, wie viele Briten, dilettierender Botaniker, stand mit den Botanischen Gärten in London und Edinburgh in Kontakt und tauschte Samen und seltene Pflanzen mit anderen Sammlern. Zusammen mit seinem Ravelleser Gärtner und Vertrauten Luigi Cicalese[27] verwandelte er das brachliegende Gelände in eine Park- und Gartenlandschaft, natürlich nicht nach dem Muster heimischer Bauerngärten, sondern im Stil eines prachtvollen, mit exotischen Bäumen und Blumen prangenden, mit Brunnen, Fischteichen und antiken Spolien bestückten und von rieselnden Wassern durchzogenen Gartenreichs.[28] Er kultivierte exotische Pflanzen wie den tropischen Flammenbaum, Bananenstauden, selbst mit dem Anbau von Tee experimentierte er. Denn natürlich hatte er eine ideale Vision von einem mediterranen, von den hängenden Gärten des Orients inspirierten Palastgarten, wie es ihn im Mittelalter hier ja tatsächlich in irgendeiner Form gegeben hatte. Und wie es ihn jetzt, in neuer Form, wiederum geben sollte.[29]

In Ravello stehen Reid und seine Frau wegen ihrer gemeinnützigen Aktivitäten bis heute in hohem Ansehen. Zur Bewässerung seiner Gartenanlagen (die auch das Terrain unterhalb des heutigen Komplexes und dazu einen Streifen an der Küste umfassten) ließ Reid eine neue Wasserleitung aus den Bergen und einen Brunnen zur öffentlichen Nutzung in der Stadt bauen: *il donatore d'acqua*, der »Wasserstifter«, wie man ihn in Ravello nennt.[30] Außerdem förderte er den Ausbau des lokalen Wegenetzes und war Mitglied des Konsortiums für den Bau der Verbindungsstraße zur Küste.[31] Das Paar unterstützte die Bedürftigen, brachte den Kindern Lesen und Schreiben bei, Sophia Caroline war Inspektorin der lokalen Mädchenschule.[32] Auch eine lokale Antikensammlung und die erste Monographie zu Geschichte und Kunst seiner Wahlheimat stammen von Reid.[33]

Mit den neu gestalteten Anlagen der Villa Rufolo, die ihr Schöpfer bereitwillig auswärtigen Besuchern öffnete, verfügte Ravello nun über eine einzigartige Sehenswürdigkeit. Zugleich wurde »der Engländer«, der sich in dem kleinen Bergdorf etabliert hatte, selber zu einer solchen – so gut wie kein Reisebericht vergisst, ihn zu erwähnen.[34] Es ist eine ähnliche Situation, wie sie ein halbes Jahrhundert später Axel Munthe mit seiner Villa San Michele auf Capri schaffen wird, allerdings im Gegensatz zu Ravello dann in einem infrastrukturell und touristisch bereits weit entwickelten Ambiente.

Einer der ersten Künstler, die sich von Reids Schöpfung bezaubern ließen, war der Münchner Architekt Leo von Klenze. Im Mai 1855 (es war bereits sein zweiter Aufenthalt an der Costiera) hält er in einer minutiös gearbeite-

Leo von Klenze, Hof im Pallaste Afflitto zu Ravello, Villa Rufolo, Zeichnung, 1855

ten Zeichnung den hohen Lichthof der Villa Rufolo mit seiner verschlungenen polychromen Ornamentik im oberen Stockwerk fest – bis heute eine der eindrucksvollsten Sehenswürdigkeiten in Ravello.[35] Reid hatte ihn 1851 als Abfallgrube vorgefunden,[36] auf Klenzes Zeichnung ziert ihn bereits ein kreisrundes Beet mit einer kleinen Fächerpalme inmitten eines geometrischen Rasenparterres. Drei Jahre später sitzt hier die erwähnte Irin Julia Kavanagh, freut sich an dem »quadratischen Blumengarten« und fühlt sich in eine noch weitere Ferne entrückt: »Für einen Moment waren wir nicht in Italien […], wir waren in ein flammenderes Klima versetzt, in das Mysterium und die Stille einer östlichen Heimat«.[37]

Der Zauber der Villa Rufolo war geboren, rund um den Cortile moresco, den maurischen Hof des alten Palazzo, sollte durch Reid und Cicalese eine einzigartige anglo-mediterrane Gartenlandschaft entstehen, die in den folgenden Jahrzehnten eine wachsende Zahl von Besuchern anzog.

Klingsors Zaubergarten ist gefunden. *Richard Wagner*

Im Mai 1880 kommt Richard Wagner.[38] Seit mehreren Monaten hatte er mit seiner Familie in der Villa Angri in Neapel gelebt, hier am *Parsifal* gearbeitet. Am 25. Mai, drei Tage nach dem festlich begangenen 67. Geburtstag, unternimmt man einen Ausflug nach Amalfi, übernachtet dort im »Cappuccini«. Mit von der Partie sind neben der Familie der russische Maler Paul von Joukowsky und dessen neapolitanischer Freund Peppino, der an besonders malerischen Punkten eine Gesangseinlage improvisiert.[39] Am nächsten Tag folgt, so Cosima Wagners Tagebuch, »heiteres Frühstück und Aufritt nach Ravello, über alle Beschreibung schön«.[40] Die Gruppe nimmt ein Gabelfrühstück in der Villa Episcopio ein, dem alten Bischofspalast, wo Pasquale Palumbo und seine Frau, die gebürtige Bernerin Elisabeth von Wartburg, seit einigen Jahren ein kleines Hotel

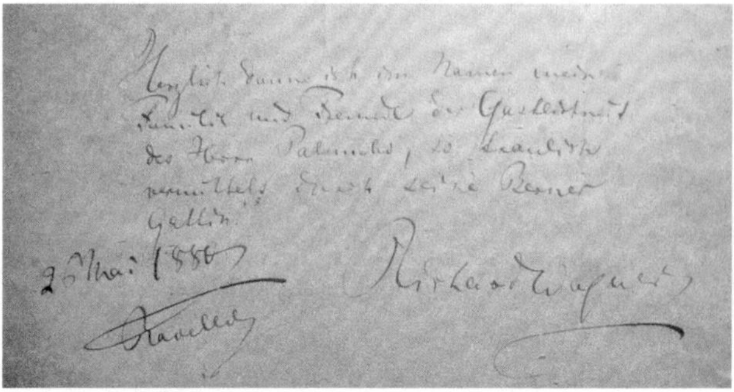

Autograph Richard Wagner

betreiben. Beim Abschied hinterlässt der Komponist eine freundliche Dankadresse:[41]

> *»Herzlich danke ich im Namen meiner Familie und Freunde der Gastlichkeit des Herrn Palumbo, so traulich vermittelt durch seine Berner Gattin. 26. Mai 1880. Ravello. Richard Wagner.«*

Dann besucht die kleine Reisegruppe die Villa Rufolo. Reid selber ist nicht zuhause, aber Luigi Cicalese serviert Kaffee. Und bittet die Besucher um einen Eintrag in das Gästebuch.[42]

> *»Richard Wagner mit Frau und Familie. Klingsors Zaubergarten ist gefunden! 26. Mai 1880.«*

Anschließend geht der Ausflug weiter zur Villa Cimbrone. Peppino postiert sich unter dem Pavillon auf der Terrasse und gibt ein kleines Konzert zum Besten. Dann reitet man auf den Eseln gemütlich hinunter nach Amalfi.

Es war ein Aufenthalt von nur wenigen Stunden, aber er sollte Folgen haben.

Was Wagner hier »fand«, wie er ins Gästebuch der Villa Rufolo schrieb, war nicht, wie immer wieder kolportiert wird (nicht zuletzt in Ravello), die Inspiration zum 2. Aufzug des

Parsifal – das Textbuch dazu war nämlich seit 1877 bereits fertig. Es war die Begegnung mit einem Ambiente, das Wagner künstlerisch bereits imaginiert, geradezu gesehen und nun in der Villa Rufolo leibhaftig vor Augen hatte. »Tropische Vegetation, üppigste Blumenpracht; nach dem Hintergrunde zu Abgrenzung durch die Zinne der Burgmauer, an welche sich seitwärts Vorsprünge des Schloßbaues selbst (arabischen reichen Stiles) mit Terrassen anlehnen«: So lautete die Szenenanweisung zu »Klingsors Zaubergarten«, dem Ort also, an dem die teuflische Kundry mit ihren Blumenmädchen den christlichen Gralsritter Parsifal zu verderben sucht.[43] Es muss für Wagner ein berauschendes *déja-vu*-Erlebnis gewesen sein, nun in dem mittelalterlichen Palazzo »arabischen reichen Stiles« und in Reids exotischen Terrassen-Gärten mit ihrer »üppigsten Blumenpracht« ein Ambiente vorzufinden, das er längst kannte. Und weiter: »Klingsors Zauberschloß. Im inneren Verliese eines nach oben offenen Turmes«[44] – auch diesen Turm gab und gibt es. Die Kunst, Wagners Kunst hatte die Realität vorweggenommen.

Noch während des Spaziergangs bittet der Komponist den Maler Paul von Joukowsky, Motive aus der Villa Rufolo mit seinem Zeichenblock festzuhalten.[45] Aus ihnen entwirft Max Brückner das Bühnenbild für den 2. Aufzug des *Parsifal*.[46] Und bei der Uraufführung 1882 hebt sich sich zu Beginn des zweiten Aufzugs der Vorhang zu Klingsors Ravelleser Zaubergarten.

Vom **Parsifal** *zur Città della musica*

Die erfundene und wiedergefundene Landschaft des *Parsifal* gehört seither zur realen Topographie von Ravello. Der Ort wird schon bald nach der Uraufführung des »Bühnenweihfestspiels« Ziel eines Wagner-Tourismus und Wagnerkults, der bis heute einer Erinnerungslandschaft gilt, in der sich Architektur, Natur und Musik zu einem Gesamtkunstwerk verbinden.

Schon zwei Jahre nach der Premiere kommt der norwegische Komponist Edvard Grieg nach Ravello (er hatte im Sommer 1883 eine Aufführung in Bayreuth besucht).[47] 1914 widmet der Dichter Oskar Loerke dem Ort mit seinem Zaubergarten eines der schönsten poetischen Memoirs.[48] Und geradezu zeremoniell gestaltet Melchior Lechter, Wagner-Verehrer und Freund Stefan Georges, seinen Besuch. Der »uralte Park« der Villa Rufolo ist ihm das eigentliche Ziel seiner Reise an die Costiera, hier spürt er Wagners »geistige Gegenwart«, bewegt liest er im Fremdenbuch die Eintragung des Bayreuther Meisters.[49]

Dabei konnte der Zauber der Musik sich geradezu physisch mit dem Ort verbinden. »Ravello ist der Ort, zu dem unsere Gedanken wandern, wann immer sie ›Parsifal‹ erhebt«, schreibt der britische Wagner-Verehrer Arthur Norway.[50] Noch direkter drückt es ein anonymer deutscher Wagnerianer in einem kleinen Gedicht in einem Ravelleser Gästebuch aus: Endlich habe er nun in Ravello den »wirklichen« Zaubergarten Klingsors kennengelernt und nicht nur mehrfach dessen »dürftiges Abbild« in Bayreuth.[51] In einer seltsamen Verkehrung von »Bild« und »Abbild« wird der Ravelleser Garten zum eigentlichen Original.

Und wieder antworteten der Ort und seine Menschen auf die Stimmen aus der Fremde. Bereits in den 1930er Jahren fanden sporadisch Wagner-Konzerte statt, ab 1953 regelmäßige Veranstaltungen in der Villa Rufolo. 2003 wurde dann das »Ravello Festival« ins Leben gerufen, eine alljährlich im Sommer stattfindende multidisziplinäre Veranstaltungsreihe (Musik, Film, Lesungen, Debatten), welche die kulturellen Ereignisse mit dem Erlebnis einer außerordentlichen Landschaft und Architektur in Beziehung zu setzen sucht.[52] Seit 2010 verfügt der Ort außerdem über ein von dem brasilianischen Architekten Oscar Niemeyer entworfenes Konzerthaus. Ravello wurde zur Città della musica.

Story of a panic. Fremdenverkehr und Literaturlandschaft

Die Entwicklung, die Ravello auf diese Weise genommen hat, ging damit von Anfang an einher mit der Ausbildung eines touristischen Profils, das sich deutlich von dem Amalfis unterschied, nicht nur durch seine zeitliche Verzögerung. Die lange geplante Verbindungsstraße zur Küste kam erst in den 1880er Jahren zustande, Ravello war damit zwar bequemer erreichbar geworden, blieb jedoch, verglichen mit der »Hauptstadt« Amalfi, im Grunde noch immer das Dorf in den Bergen. Erst zwei Generationen später als in Amalfi entstanden die ersten, einfachen Hotels, hier nicht in aufgelassenen Klöstern, sondern in verwaisten mittelalterlichen Adelspalästen. Am bekanntesten neben dem bereits erwähnten »Palumbo«[53] wurde das »Caruso«, in den 1890er Jahren von Pantaleone Caruso im Palazzo d'Afflitto gegründet. Caruso war als achtjähriger Waisenjunge aus Salerno nach Ravello gekommen, hatte hier zunächst im Garten, dann als Koch von Reid gearbeitet und eine Tochter von dessen Verwalter Luigi Cicalese geheiratet.[54] Die historischen Gästebücher beider Hotels verzeichnen eine starke Präsenz von Briten und Amerikanern. Beide *albergatori* profilierten sich zudem als Winzer, Palumbos »Episcopio«-Wein und Carusos Marke »Gran Caruso« genossen vor dem Ersten Weltkrieg sogar international Anerkennung.[55] Ebenfalls gegen Ende des 19. Jahrhunderts eröffnete das bescheidenere Hotel »Toro«, der niederländische Graphikkünstler M.C. Escher sollte hier mehrfach längeren Aufenthalt nehmen.[56]

In der gleichen Zeit wurde Ravello Literatur-Landschaft – auch dies im Unterschied zu Amalfi. Eine Reihe von Autoren, die der Décadence und der Lebensphilosophie nahestanden, feierten den noch immer geheimnisvollen Ort als Schauplatz (homo-)erotischer Libertinage. In André Gides autobiographisch inspiriertem Roman *L'immoraliste* (1902) entdeckt Michel, ein puritanisch erzogener Akademiker, nackt auf den sonnenglühenden Felsen bei Ravello liegend, die reine Schönheit seines Körpers und die Wonnen der Sinnlichkeit.[57] In Jacques d'Adelswärd-Fersens Roman *Et le feu s'éteignit sur la mer...* (»Und das Feuer erlosch auf dem Meer...«, 1909) stoßen die beiden homosexuellen Protagonisten inmitten der üppigen Gartenlandschaft Ravellos auf ein verwunschenes erotisches Kabinett.[58] Und Heinrich Mann verwandelte in seinem frühen Roman *Die Göttinnen* (1902) Ravello und Scala in die orientalische Phantasmagorie einer Venus-Landschaft, in der sich eine frivole Herzogin und ihr junger Liebhaber heimlich ihren unkonventionellen Spielen hingeben.[59]

Auch E. M. Forsters im gleichen Jahr in Ravello entstandene Erzählung *The Story of a Panic* hat die sinnlich verwandelnde Kraft der Landschaft zum Thema. Sie macht eine Gruppe von gepflegten englischen Touristen zu Akteuren, die nach einem Ausflug in die Kastanienwälder von Ravello bestürzt erkennen, dass der 14-jährige Eustace dort dem »großen Pan« begegnet und damit für die Zivilisation für immer verloren ist.[60]

Ah moon of my delight. *Melancholie und Moderne in der Villa Cimbrone*

Zu Beginn des 20. Jahrhunderts kam dann, wiederum aus dem Vereinigten Königreich, ein Mann nach Ravello, der, gänzlich anders als Reid, doch mit ihm den Wunsch teilt, nur hier leben und sterben zu wollen. Es ist der Bankier und Parlamentarier Ernest William Beckett, durch Erbfolge 2nd Baron Grimthorpe (1856–1917). Um 1905 erwarb er das Areal der Villa Cimbrone, ein ausgedehntes Gelände am Rande der Ortschaft, auf einem ausladenden Felsvorsprung hoch über dem Meer gelegen.[61] Und noch unbefangener als Reid machte er sich ans Werk und gestaltete, zusammen mit dem Ravellesen Nicola Mansi, das Territorium im Stil eines phantastischen Eklektizismus um. Neben dem herrschaftlichen Wohngebäude entstand ein kleiner Kreuzgang in den Formen des 13. Jahrhunderts, dekoriert mit allerlei älteren oder jüngeren Fundstücken. Eine tiefer liegende »Krypta« greift das Vorbild einer eingewölbten, zum Meer hin offenen Halle in der Villa Rufolo auf, ein im Garten gegenüber liegendes Tea House verwendet die aus dem Cortile der Villa bekannten arabisch-sizilischen Stilformen. Das maurische Ravello wurde sich jetzt selbst zum Vorbild.

Bei der Gestaltung des weitläufigen Freigeländes hatten Lord Grimthorpe und sein Gärtner freiere Hand als Reid, mussten sie doch nicht die Terrassierung der Kulturlandschaft berücksichtigen. Was auf diese Weise entstand, war nicht ein orientalischer Garten, sondern ein europäischer Park, der in seiner Anlage unterschiedliche menschliche Stimmungslagen spiegelt und literarisch in Szene setzt: Auf einen heiteren Rosengarten mit einem zur Verschwendung aufrufenden horazischen Motto[62] folgt ein ernstes Schirmpinien-Karree, in dem ein Vierzeiler des (damals durch Edward Fitzgeralds Übersetzung in Mode gekommenen) persischen Dichters Omar Kayam an die irdische Vergänglichkeit gemahnt.

Ah moon of my delight that knows no wane
The moon of heaven is rising once again
How oft hereafter rising shall she look
Through this same garden after us in vain.[63]

Steigt man tiefer, steht man vor einer Grotte mit der Figur der Eva nach dem Sündenfall, erreicht von dort über einen melancholischen Zypressen-Parcours ein rundes Bacchus-Tempelchen, dessen Verse mit dem römischen Dichter Catull die ewige Heimkehr feiern – Grimthorpes Asche soll hier beigesetzt sein.[64] Unweit davon lädt, neben der Figur des »Ruhenden Merkur« aus Herculaneum, eine Ruhebank mit einem Vierzeiler zum heiteren Verweilen und zum freundlichen Abschiednehmen ein.

Lost to a world in which I crave no part
I sit alone and commune with my heart
Pleased with my little corner on the earth
Glad that I came not sorry to depart.

Denn von dort steigt der Weg steil an, führt dicht am felsigen Absturz entlang, um am Ende eine ausladende, mit barocken Marmorbüsten bestandene Terrasse zu erreichen, auf der man sich dem schier unendlichen Blick übers Meer hingeben kann. »Schöneres gab es nicht auf dieser Erde«, fühlt hier 1928 der Protagonist in Bruno Franks *Politische Novelle*. Auf seinem Rückweg wird er auf der Piazza einem Aufmarsch der faschistischen Schwarzhemden begegnen, seine Vision einer politischen Einigung Europas aus dem Geist der Mittelmeerkultur ist zum Scheitern verurteilt.[65]

Mit Lord Grimthorpes botanisch-literarischer Schöpfung verfügte Ravello nun über einen weiteren Anziehungspunkt, vor allem für Briten und Amerikaner, darunter die Angehörigen jenes freimütigen Zirkels von Künstlern und Intellektuellen, die in der Zeit vor und nach dem Ersten Weltkrieg unter dem Namen »Bloomsbury Group« bekannt wurden. Vita Sackville-West gehört dazu (die Freundin von Becketts Tochter Violet Trefusis und Heldin von Virginia Woolfs *Orlando*), Alice Keppel (die Favoritin von König Edward VII.) oder der Schriftsteller Lytton Strachey, der 1913 davon träumt, hier die Bloomsbury Group neu und in verjüngter Form aufzustellen.[66] Nach dem Krieg kommen D.H. Lawrence – er arbeitet gerade an seinem Roman *Lady Chatterley* – und die Freundin Dorothy Brett. Gleich am ersten Tag streifen sie durch die Cimbrone-Gärten, zeichnen, blicken am Ende vom Belvedere hinaus aufs Meer, in die Einsamkeit. »Wir sind die beiden einzigen, die noch übrig sind, nur du und ich«, bemerkt Lawrence melancholisch.[67] Ein Jahr später kommt er erneut, jetzt als Gast von Grimthorpes Tochter Lucy (1884–1979), die seit dem Tod ihres Vaters die Villa bewohnt.[68]

Lawrence wurde fortwirkender Teil der Cimbrone-Legende. Hartnäckig hält sich das Gerücht, der Vierzeiler über jener steinernen Bank neben dem »Ruhenden Merkur« stamme von ihm – ein Motiv, das den britischen Autor J. I. M. Stewart veranlassen sollte, den Helden seines humoresken Bildungsromans *Young Pattullo* (1975) auf die Suche nach eben diesem *pensiero di D. H. Lawrence* nach Ravello zu schicken.[69]

Auch die schwedisch-amerikanische Filmschauspielerin Greta Garbo besetzt eine große Rolle in der Legenda Aurea der Villa. Am 2. März 1938 meldete die ›New York Times‹, dass sie sich zusammen mit dem Dirigenten Leopold Stokowski heimlich hierher zurückgezogen habe – ein unverheiratetes Paar! Noch musste und noch konnte man sich in Ravello dafür verstecken.

Die am Rand des Cimbrone-Parks gelegene Villa Rondinaia wurde 1972 von dem amerikanischen Autor Gore Vidal erworben. Er bewohnte sie über dreißig Jahre lang, bis 2005, schrieb hier mehrere seiner Bücher und empfing in »seinem« Ravello unzählige Gäste aus Literatur und Politik, vor allem aus der anglo-amerikanischen Welt.[70] Und wenigstens von ferne gehörte auch er in seinem »Schwalbennest« hoch über dem Meer zu den Sehenswürdigkeiten der Costiera. »Jeden Vormittag um halb zwölf«, schrieb er in einem seiner letzten Bücher, »fährt unter meinem Haus ein Touristenboot vorbei und ich höre aus vierhundert Metern Tiefe die Stimme einer Frau, die erst auf Italienisch, dann auf Englisch die Villa von Gore Vidal beschreibt.«[71]

Michele Theile, Positano, Marina Grande, Farbdruck, um 1960

Die Positano-Utopie
Die Costiera als Künstlertraum und Exil

Im Gänsemarsch

Positano ist die westlichste der dreizehn Ortschaften der Costiera Amalfitana. Anders als in den meisten anderen Orten an der Küste fehlt hier das Hinterland – schroff schließt der steil aufragende Monte Sant'Angelo die Stadt in ihrem Rücken ab. Kein zum Meer hin sich öffnender Talgrund bietet, wie in Amalfi, Minori oder Maiori, Raum für ein kleines städtisches Zentrum mit Kirche, Brunnen und Piazza. Wer in Positano an Land geht, bewegt sich sogleich steil nach oben, durch ein gewundenes Netz von schmalen Wegen und steilen Treppen, die, in die pulsierende Hauptschlagader der Stadt mündend, sich immer wieder neu verzweigen. Es ist ein unregelmäßiges, feines Gewebe von Pfaden zwischen Häusern und Mauern, das über den Berg gelegt ist und höher und immer höher führt, über das Quartier der Chiesa Nuova hinauf bis nach Montepertuso, dem über der Stadt thronenden Dorf, 350 Meter hoch über dem Meer gelegen.

Was diese Stadt nicht haben kann, ist ein Zentrum. Der Dom liegt auf halber Höhe am Berg im engen Gewirr der Gassen, der Platz davor ist keine Piazza, sondern eine breite Schleuse für den nach oben oder unten drängenden Strom der Fußgänger. Das Municipio, ein schlichtes Gebäude, verbirgt sich irgendwo weiter oben. Die schmale, verkehrsreiche Autostraße, die sich durch den Ort windet, fügt den geschlängelten Pfaden nur einen weiteren, motorisierten hinzu. Positano ist keine Stadt öffentlicher Räume, geselliger Plätze oder grüner Oasen. Hier ist es schwer, sich zu versammeln, gesehen zu werden und aufzufallen, allenfalls die Strandpromenade gibt in den Sommermonaten eine Art von Piazza. Zwischen den Mauern bestimmt der Gänsemarsch die Fortbewegung, die Treppe diktiert den Herzrhythmus. Positano ist kein Ort für Flaneure, er lädt dazu ein, sich zurückzuziehen, sich zu verbergen, man könne hier jahrelang nebeneinander leben, ohne sich je zu begegnen, schreibt Kurt Craemer aus seiner Zeit im Exil,[1] und als Fluchtort und Versteck wird der kleine Ort tatsächlich eine große Rolle spielen. Selbst das fulminante Feuerwerk am 15. August, dem Fest der Himmelfahrt Mariens – eines der spektakulärsten im Süden –, schaut man sich am besten von der eigenen Terrasse aus an. Denn aus dieser Perspektive ist Positano einzigartig, und es gibt kein Haus, aus dem man es nicht sähe: mit tausend Augen zum Meer blickend, auf die immer geöffnete Bühne der kleinen Stadt.

Vom Borgo marinaro zur Città morta

Der älteste Siedlungskern von Positano entwickelte sich rings um ein Benediktinerkloster, das vermutlich im 10. Jahrhundert unmittelbar über der antiken Villa entstanden war. Das Kloster trieb Handel mit einer eigenen Flotte, verfügte über größeren Landbesitz in der Region, der Abt übte zugleich die weltliche Gewalt aus.[2] Später gehörte der Ort zum Verbund der Republik von Amalfi, trieb nach deren Auflösung weiter erfolgreich mit eigenen Schiffen Seefahrt und Handel im Mittelmeer. Noch im 18. Jahrhundert stand Positano als Borgo marinaro in wirtschaftlicher Blüte,[3] bis heute zeugen einzelne herrschaftliche Bauten wie etwa der Palazzo Murat von dieser Epoche.

Spätestens seit dem Ende der französischen Herrschaft im Königreich Neapel (1815) begann der langsame wirtschaftliche Niedergang der Stadt, hier wegen ihrer randständigen Lage deutlicher spürbar als in den anderen Gemeinden der Costiera. Die Bevölkerung verarmte, zahlreiche Bewohner verließen den Ort, zwischen 1815 und 1875 schrumpfte die Bevölkerungszahl um ein ganzes Drittel.[4] »Man sieht außer einigen Schiffern fast nur alte Männer, Frauen und Kinder«, heißt es in einem Bericht von 1880:[5] Viele der noch verbliebenen Männer verdingten sich saisonal auf auswärtigen Schiffen oder waren als Wanderhändler unterwegs, die Frauen arbeiteten im textilen Heimgewerbe – lange Zeit war Positano in Kampanien

Stefan Andres, Li parlati (Città morta), Tuschezeichnung, 1957

bekannt für seine *canovacci*, grobe, aus Werg gewebte Tücher.

Die große Emigrationswelle in Süditalien in den letzten Jahrzehnten des 19. Jahrhunderts, die auch andere kleinere Ortschaften wie Atrani oder Conca dei Marini traf, hatte in Positano besonders drastische Konsequenzen. Der Ort verlor allein zwischen 1890 und 1900 erneut rund dreißig Prozent seiner Bevölkerung.[6] »Die Bewohner sind fast vollständig emigriert, nachdem sie Türen und Fenster herausgebrochen hatten, um keine Steuern zahlen zu müssen. Einige gingen in andere italienische Regionen, viele nach Nord- oder Südamerika, wobei sie ganze Straßen mit verlassenen Wohnungen ohne Fenster und Türen zurückließen, während die wenigen Zurückgebliebenen sich am Strand zusammenfanden«: So beschrieb Francis Marion Crawford im New Yorker ›Century Magazine‹ von 1894 eine Geisterstadt.[7] »Cittá morta« wird das am Berg gelegene, verlassene Viertel Li parlati noch in den 1940er Jahren heißen, Stefan Andres hat in mehreren Romanen den Begriff als literarisches Pseudonym für einen Positano nachempfundenen Ort verwendet.

Positano wäre nicht die einzige Gemeinde in Italien gewesen, für die der massenhafte Exodus in dieser Zeit das Ende der Existenz bedeutet hätte. Dass aus der Città morta allmählich wieder eine Città vivente wurde, hat Positano paradoxerweise gerade jenem Umstand zu verdanken, der seine alteingesessenen Bewohner in die Flucht trieb: seiner extrem isolierten Lage.

Die ersten Fremden

Der Ort war auf dem Landweg schwer zu erreichen, zunächst nur auf einem einfachen Fußweg, der von der Hochebene von Sorrent über die Berge führte.[8] Die Maler Louis Gurlitt und Friedrich Thöming haben ihn 1843 genommen, in Positano in einem alten Palazzo logiert und sich dann nach Amalfi eingeschifft.[9] Erst 1888 wurde der Ort ans Verkehrsnetz angeschlossen, über eine Straße, die Meta di Sorrento mit Positano und weiter mit Amalfi verband.[10] Gerhart Hauptmann hat sie 1897 in einem Landauer zurückgelegt, der Maler Paul Klee 1902 in einer siebenstündigen Fußwanderung, wobei er in seinem Gasthof in Positano bereits eine deutsche Reisegruppe antraf, »vornehme Leute«, wie er notierte.[11] Es sind die frühen Spuren einer Öffnung gegenüber der bunten Welt des Fremdenverkehrs, wie er jetzt – nach Amalfi und nach Ravello – auch in das stille Positano eindringt. Um 1900 existierten bereits drei Gasthöfe,[12] und den halbverfallenen Torre della Sponda, in dem 1837 noch die Toten der Cholera-Epidemie beigesetzt worden waren, hatte ein gewisser Signor Giuseppe Weiss erworben, von dem wir nichts weiter wissen als seinen behördlich registrierten Namen.[13] Es müssen außergewöhnliche Menschen gewesen sein, die in jenen Jahren an dem einsamen Ort Gefallen fanden. Oder Menschen, die Gründe hatten, sich zu verbergen, wie der skandalgeschüttelte Lebensreformer Carl Wilhelm Diefenbach auf Capri, der 1901 mit Mina Vogler für einige Monate nach Positano flüchtete; das Grab ihres dort geborenen Sohnes Leo ist das erste in einer langen Reihe von Fremden-Gräbern auf dem Friedhof in Positano.[14]

Als zutreffend sollte sich jedenfalls die Prognose des deutschen evangelischen Pfarrers von Neapel, Theodor Trede, erweisen, der nach einem Besuch bei Landsleuten in Positano in seinem Jahresbericht 1899 schrieb: »Nach meiner Erfahrung bin ich überzeugt, daß Positano für Capri ein gefährlicher Konkurrent sein wird.«[15]

Felsenwahn und Philosophen

Allerdings sollte sich das Profil von Positano zunächst in eine ganz andere Richtung entwickeln als das der damals bereits vielbesuchten Insel der Blauen Grotte.[16] Der verschwiegene Ort wurde in den Jahren nach dem Ersten

Weltkrieg zum Experimentierfeld und Erfahrungsraum unterschiedlicher intellektueller und künstlerischer Szenen der europäischen Moderne. Und auch hier begann alles mit der Ansiedlung eines Fremden.

Im Februar 1909 erwirbt, von Capri kommend, der 25-jährige, aus Basel gebürtige Gilbert Clavel am Fornillo-Strand einen der alten Verteidigungstürme der Küste. Aber anders als Francis Nevile Reid und Ernest William Beckett in Ravello leiten ihn nicht philanthropische Ideen. Und was ihn fasziniert, ist nicht der Garten, sondern der Fels, nicht die Welt der zum Himmel offenen Terrassen, sondern – in alter nordischer Grottenlust – die Höhle. Mit aufwendigen Sprengungen und Unmengen von Zement gräbt er sich ins Innere der Erde ein, konstruiert in den Felswänden Durchbrüche, Korridore, unterirdische Raumkompositionen, will, wie er schreibt, »eine Architektur des Chtonischen« schaffen, die ihn mit den archaischen Geheimnissen des Lebens verbinden soll, denen er sich in der Méditerranée besonders nahe weiß.[17] Es ist ein ganz auf seinen Schöpfer zugeschnittenes, romantisches Bauprojekt, »Felseinsamkeit« statt »Waldeinsamkeit«, ein unendliches *work in progress*, und noch immer unvollendet, als Clavel, ein Leben lang schwer körperlich behindert, 1927 unglücklich stirbt.

Clavels Torre di Fornillo und mehr noch Clavels Person (er war mit den Futuristen und der Szene um die *Ballets Russes* verbunden) schlugen zahlreiche avantgardistische Geister in ihren Bann, lockten unter anderem Picasso, Jean Cocteau und Leonide Massine in den einsamen Ort.[18] In Deutschland wurden Clavel und mit ihm Positano durch ein schmales, künstlerisch gestaltetes Buch des expressionistischen Dichters Adolf von Hatzfeld bekannt, das 1925 mit dem schlichten Titel *Positano* erschien, tatsächlich eine Hommage an den Freund Gilbert Clavel.[19] Es bettet dessen künstlerische Ideen in eine Erzählung des Autors von seiner Reise aus der norddeutschen Tiefebene an den Golf von Salerno ein, bei der die Begegnung mit der südlichen Landschaft und der charismatischen Figur Clavels (samt dem Genuss mancher gesellig auf der Terrasse des Turms gerauchter Opiumpfeife) zu einer orgiastischen Erfahrung des Ortes verschmelzen.

Siegfried Kracauers im gleichen Jahr in der ›Frankfurter Zeitung‹ veröffentlichter Reisessay *Felsenwahn in Positano* greift Clavels Kunstprojekt auf, entrückt zugleich seinen Ort in ein poetisches Nirgendwo: »Ob er der Geographie angehöre, läßt sich im Ernste bezweifeln. Mag er immerhin,

Adolf von Hatzfeld, Positano, Farblithographie, 1925

einem unentschuldbaren Versehen zufolge, in sie hineingeraten sein, seinem Wesen nach fehlt ihm die Beziehung zu Längen- und Breitengraden, zu den Städten und Dörfern, die auf der übrigen Erde miteinander kommunizieren«.[20] Positano wurde zum Nicht-Ort, zum poetischen Utopia der Kunst und des Geistes. Und »Clavels berühmter Turm« (so Walter Benjamin 1928)[21] zum Leuchtturm einer expressiven »deutschen« Avantgarde, dem Gegenbild zum »britischen« Ravello.

Kracauer gehörte zu jenem Kreis junger linker Intellektueller, für die Capri und der Golf von Neapel in den Restaurations- und Inflationsjahren zu einem Zufluchtsort und Erfahrungsraum einer Vormoderne wurden, die ihnen als Alternative zur entfremdeten, rationalen Warenwelt des Kapitalismus erschien.[22] Alfred Sohn-Rethel (*Das Ideal des Kaputten*) kommt 1924 nach Capri und lernt durch seinen Onkel, den Maler und Schmetterlingsforscher Otto Sohn-Rethel, Positano kennen.[23] Es folgen Ernst Bloch, Walter Benjamin und Alfred Kantorowicz. Benjamin berichtet von einem gemeinsamen nächtlichen Spaziergang durch die ausgestorbenen Quartiere der Stadt, bei dem die Konturen des Vertrauten verschwimmen, Positano zur Geisterstadt wird. »Ich spürte, wie ich denen da unten entglitt [...] Leiblich drang ich mit jedem Schritte in ein Geschehn vor, von dem ich weder Bild noch Begriff hatte und das mich nicht dulden wollte. [...] Um keinen Preis hätte ich einen Schritt weiter tun wollen. Und hier, unter den Augen meiner völlig ins Wesenlose entrückten Begleiter, machte ich die Erfahrung, was es heißt, einem Bannkreis sich nähern. Ich kehrte um«.[24]

Versammelte Avantgarde. Die Maler

Zum »intellektuellen Wanderproletariat« (wie es Walter Benjamin nicht ohne Selbstironie genannt hat)[25] gesellte sich die Szene der Künstler. Allein in den Jahren 1923/24 hielten sich – um nur einige bekannte Namen zu nennen – die Maler und Malerinnen Anita Rée, Adolf Erbslöh, Carlo Mense, Richard Seewald, Max Pechstein und Ewald Mataré für längere Zeit in Positano auf.[26] Sie alle gehören zur Generation der in den 1880er und 1890er Jahren Geborenen, die in unterschiedlicher Weise den neuen künstlerischen Strömungen von Expressionismus, Kubismus oder Neuer Sachlichkeit nahestehen. Die Anziehungskraft, die genau einhundert Jahre zuvor, in den 1820er und 1830er Jahren, die Stadt Amalfi auf die Künstler der damaligen europäischen Moderne, die Romantiker, ausgeübt hatte, geht jetzt von Positano auf die Avantgarde des 20. Jahrhunderts aus. Amalfi tritt in den Schatten, Positano wird, wie es Hatzfeld formulierte, »zum Herz und Puls des Golfs von Salerno«.[27] In europäischer Perspektive, muss man hinzufügen, denn als Lokalität blieb es ein schlichtes Dorf.

Gerade das einfache, nicht zuletzt preisgünstige Leben lockte, sich hier niederzulassen. »Die Inflation [war] zu Ende«, erinnerte sich später Richard Seewald, Mitbegründer der Neuen Secession in München. »Die Zukunft sah wahrhaftig nicht rosig aus. Da schrieb mir [Carlo] Mense von Positano, ich solle doch dorthin kommen, der Ort sei eine Art Märchen, das Leben koste beinahe nichts und der Kredit sei unbeschränkt. Wir packten also zusammen und fuhren ab.«[28]

Natürlich war dieses günstige Leben nicht zuletzt der Not des Ortes geschuldet. »Alles im Zustand jammervollen Verfalls«, notiert der Maler Julo Fehr bei seiner Ankunft 1924.[29] Denn viele Häuser standen leer, man akkordierte im Voraus, noch in den 1930er Jahren bekam man ein Haus zum Preis von 70 Reichsmark für ein ganzes Jahr, konnte es beim Auszug zum »Nachwohnen« weitergeben.[30]

Der Ort ermöglichte oder erzwang zudem ein einfaches, »primitives« Leben, wie es den Vorstellungen der zeitgenössischen Kunst und der Lebensreformbewegung entgegenkam. Es gab kein fließendes Wasser und keinen elektrischen Strom – als Positano am 25. Juni 1933 zur Freude

Louis Kahn, Amalfiküste, Ölgemälde, 1929

der Einheimischen ans Netz angeschlossen wurde, macht sich der lokale Chronist über »ein gewisses Missvergnügen seitens einiger Fremder« lustig, »die weiterhin gern wie ein Diogenes im 20. Jahrhundert mit der Laterne unterwegs gewesen wären«.[31]

Auch die herbe Landschaft und das pyramidal aufragende Panorama der Stadt – immer wieder gemalt – entsprach dem zeitgenössischen Geschmack. »Kubistisch zu erfinden ist gar nicht so einfach«, spöttelt der Maler Kurt Craemer, der seit den 1930er Jahren bis zu seinem Tod 1961 in Positano lebte. »Fuhr man jedoch nach Positano, so war man jeder Problematik enthoben; man konnte, vor der Natur brav abmalend, ein kubistisches Resultat erreichen«.[32] Hinzu kamen die Menschen. Fischer am Strand, Frauen mit Wasserkrügen auf dem Kopf, Hirten mit ihren Tieren wurden zu Motiven von Natur und Ursprünglichkeit, wie sie dem archaisierenden Zeitgeist entsprachen.

Und dann die Architektur mit den würfelförmigen, arabisierend gekuppelten Häusern! In einer Zeit, die dem Ornamentalen feindlich gesonnen war, erschien sie als vollkommen funktional, einem Stil-Ideal verwandt, wie es etwa Josef Hoffmann, einer der Hauptvertreter der Wiener Werkstätten, schon in der »Insel-Architektur« von Capri ausgemacht hatte.[33] Der amerikanische Maler und Architekt Louis Kahn, der 1929 in Positano lebte, hat es auf seinen Aquarellen und Ölbildern immer wieder in Szene gesetzt.[34] Und die Mailänder Architektur-Zeitschrift ›Domus‹ stellte sogar zwei Positaneser Künstlerhäuser als gelungene Entwürfe eines Lebens in Einheit mit der Natur vor.[35]

Ton und Stoff. Kunsthandwerk und periodo tedesco zwischen Positano und Vietri

In Deutschland weniger bekannt, an der Costiera hingegen in lebhafter Erinnerung ist die Szene der nordeuropäischen, meist deutschen Keramik-Künstler – mit dem Begriff des *periodo tedesco*, der »deutschen Periode«, bezeichnet man bis heute den keramischen Stil der 1920er und 1930er Jahre, das in Raito bei Vietri gelegene Museo della ceramica hat dem Thema eine eigene Sektion gewidmet.[36] Neben Positano wurde vor allem Vietri mit seinen alteingesessenen keramischen Manufakturen zum Anziehungspunkt von jüngeren Kunsthandwerkern, die im Geist der neuen Kunstgewerbeschulen an einer Erneuerung der handwerklichen Produktion von Gebrauchsobjekten arbeiten wollten. Die 1926 von dem deutsch-jüdischen Unternehmerpaar Max Melamerson (Suwalki/Litauen 1881 – Rom 1948) und seiner Frau Flora Haag (Hamburg 1889 – New York 1987) gegründete Manufaktur Industrie Ceramiche Salernitane (ICS) wurde Mittelpunkt der neuen Stilrichtung. Zahlreiche Künstler und Künstlerinnen waren hier tätig, darunter 1930 bis 1932 die Worpsweder Malerin Lisel Oppel, die zeitweise auch in der Künstlerkolonie auf Ischia lebte.[37] Der Berliner Günther Stüdemann gründete 1924 die Manufaktur Fontana Limite, die vor allem Wand- und Bodenfliesen produzierte (die berühmten Vietreser *mattonelle*);[38] nach dem Krieg ließ er sich in dem oberfränkischen Keramikort Thurnau nieder, wo das lokale Töpfermuseum die Erinnerung an ihn lebendig hält. In italienischen noch mehr als in deutschen Sammlungen präsent sind außerdem die zahlreichen graphischen, keramischen und Batik-Arbeiten von Richard Dölker, der von 1923 bis 1932 in Vietri tätig war und sich besonders von lokalen Folklore-Motiven inspirieren ließ.[39]

Durch Dölker angeregt kam 1925 das aus der dadaistischen Bewegung bekannte Schriftsteller-Paar Hugo Ball und Emmy Hennings nach Vietri, lebte, finanziell unterstützt von Hermann Hesse, bis 1926 in eingeschränkten Verhältnissen in Albori, einem Dorf oberhalb von Vietri.[40] Die Tochter Annemarie Hennings wurde Schülerin von Dölker, debütierte mit einer Ausstellung in Zürich, Emmy Hennings vertrieb ambulant keramische Arbeiten, schrieb außerdem eine Reihe von Erzählungen zu lokalen Themen.[41]

Unter den zahlreichen Künstlern und Künstlerinnen des *periodo tedesco* (von dem viele Namen erst durch jüngste Forschungen an der Costiera bekannt geworden sind)[42] verkörpert die Person von Irene Kowaliska in ganz besonderer Weise den Geist und die Praxis kultureller Symbiose. Geboren 1905 in Warschau von deutsch-polnischen Eltern, kam sie nach dem Besuch der Wiener Kunstgewerbeschule 1931 nach Positano und Vietri, arbeitete dort zunächst in der Fabrik von Max Melamerson, später in einer eigenen Werkstatt. Sie ließ sich, ähnlich wie Richard Dölker, inspirieren von den »einfachen« Menschen und Dingen, die ihr hier begegneten, Frauen mit ihren Kindern, Bauern, Fischern, Szenen der Volksfrömmigkeit, reduzierte ihre Motive auf minimalistische Gestaltungen. In den 1940er Jahren (ihre Werkstatt war durch Bombenangriffe zerstört worden) konzentrierte sie sich dann verstärkt auf Stoffdruck und Modedesign, entwarf in Auftragsarbeit Stoffe und Kleider, wurde so zur Mutter der *moda di Positano.* 1954 gründete sie zusammen mit ihrem Mann, Armin T. Wegner, dem Maler Kurt Craemer und dem Philosophen Arnold Keyserling und seiner Frau Wilhelmine das multidisziplinäre Projekt »Positano Studio«, zur Vermittlung »dekorativer Künste nach traditionellen mediterranen Techniken«.[43]

Vielleicht lässt sich die Begegnung von Norden und Süden in der Vietreser Keramik an nichts besser illustrieren als an der Figur des berühmten Eselchens mit den langen Ohren. Von *ceramisti* wie Kowaliska, Dölker und anderen in seinem harten bäuerlichen Milieu entdeckt, mit nordischer Seele geliebt, künstlerisch nobilitiert und in den lokalen Produktionskreislauf eingespeist, ist der *ciuccio* aus Keramik zum tausendfach vervielfältigten »typischen« Souvenir der Costiera Amalfitana geworden.

Flucht aus der Geschichte. Die Costiera der Emigranten

Der Ruf der Künstlerkolonie in Positano lockte natürlich nicht nur Künstler an, der kleine Ort gewann ein bescheidenes touristisches Profil. 1938 verzeichnete die Kommune zwei Hotels, sechs Pensionen und verschiedene *affittacamere*, die staatliche Fremdenverkehrsbehörde ENIT registrierte im gleichen Jahr 1592 Übernachtungen.[44] Was freilich Positano und den Golf von Salerno in jenen Jahren zu einer besonderen europäischen Schicksalslandschaft machen sollte, waren nicht die Reiseprospekte der Agenturen, sondern die politischen Ereignisse. Die Region wurde in der ersten Hälfte des 20. Jahrhunderts zu einem Flucht- und Emigrationszentrum für Regimegegner und politisch Verfolgte aus den europäischen Diktaturen.

Das beginnt mit den russischen Emigranten bereits in der Zeit vor dem Ersten Weltkrieg. Die Amalfiküste war schon immer auch Ziel russischer Grandtouristen gewesen, nach der Jahrhundertwende hatten sich dann um die Person von Maxim Gorki auf Capri und in Sorrent kleine russische Kolonien etabliert.[45] Um 1916 ließ sich auch in Positano ein prominenter russischer Dissident nieder, der Journalist und Kritiker Michail Semenov lebte hier in einer aufgelassenen

Mühle am Arienzo-Strand bis zu seinem Tod 1952.[46] Am Ort eher als exotisches Original betrachtet, war er tatsächlich eine der Schlüsselfiguren der internationalen Avantgarde an der Costiera, befreundet mit Clavel und gleich ihm der Szene der *Ballets Russes* in Rom und Paris verbunden.

Auch für zwei aus der Sowjetunion emigrierte Maler wurde die Küste zur zweiten Heimat: Ivan Zagoruiko[47] und Wassili Necitajlov (der sich mit Tafelgemälden in örtlichen Kirchen verewigt hat).[48] Für andere russische Künstler war die Costiera Durchgangsstation auf ihrem Weg ins Exil.[49]

Ein eigenes Kapitel bildet die Emigration aus dem nationalsozialistischen Deutschland. Italien, obgleich seit 1922 ein faschistischer Staat, begegnete den deutschen Regime-Flüchtlingen zunächst durchaus mit Wohlwollen.[50] Die in Deutschland seit Generationen eingefleischten antijüdischen Vorurteile waren in der Bevölkerung unbekannt. Zahlreiche Italien-Immigranten, meist aus dem bürgerlichen Milieu, hatten zudem ein besonderes Verhältnis zum Land, kannten es manchmal bereits von früheren Aufenthalten her.

Es wundert daher nicht, dass, ähnlich wie die Insel Capri,[51] auch Positano in den Jahren nach 1933 zum Exil von zahlreichen Flüchtlingen wurde, die sich, wie es Stefan Andres umschrieb, »ein paar Jahre neben der Geschichte verbergen und ihren Forderungen entziehen wollten«.[52] Anders als das umtriebige Capri, das bereits kurz nach Hitlers Machtergreifung Aufmarschplatz deutscher Nazi-Prominenz geworden war,[53] bot sich das abgelegene und verwinkelte Positano im wörtlichen Sinn als Versteck an. »Sowohl vom Menschlichen als auch vom Geographischen her, in jeder Hinsicht war [hier] die Beschütztheit vollkommen«, erinnerte sich der Maler Kurt Craemer.[54] Er hatte vorher mit Rudolf Levy und anderen Exilanten auf Ischia gelebt, bevor er sich 1941 in Positano niederließ, wo er bis zu seinem Unfalltod 1961 blieb. Befreundet war er unter anderem mit Karli Sohn-Rethel[55] und dem aus den USA re-emigrierten Peter Ruta.[56]

Die Emigranten bildeten keine einheitliche Gruppe. Zu den wegen ihrer jüdischen Herkunft Bedrohten, wie dem Schriftsteller Walter Meckauer[57] und seiner Familie, kamen Verfolgte des Regimes wie Armin T. Wegner, der wegen seines Offenen Briefs an Hitler 1933 im Konzentrationslager Oranienburg inhaftiert gewesen war. Andere verließen Nazi-Deutschland, weil sie aufgrund ihrer kritischen Einstellung dort keine Zukunft mehr sahen, so die Frauenrechtlerin Maria Hellersberg,[58] die von 1922 bis zur Zerschlagung der Gewerkschaften 1933 Mitglied im Vorstand des Gewerkschaftsbundes der Angestellten (GDA) gewesen war. Von einigen anderen können wir nur vermuten, dass es ebenfalls Motive der politischen Gesinnung waren, die sie Deutschland verlassen ließen. Was bei Durchsicht der Archive auffällt, ist die große Zahl der alleine lebenden Frauen.

Über Größe und Zusammensetzung der Positaneser Fremdenkolonie geben die kommunalen Unterlagen erst ab 1941 eine ungefähre Auskunft. Danach lebten im März dieses Jahres 46 *forestieri* als Residenten am Ort, darunter 33 Deutsche und 3 Russen.[59] Nach der Befreiung durch die Alliierten Ende 1943 werden es noch 22 Deutsche sein, wie aus einem Brief von Stefan Andres an das Rote Kreuz in Genf hervorgeht, »alle entschiedene Gegner des Nationalsozialismus«, wie er freundlich formulierte.[60]

Von ihren Lebensumständen können wir uns aus einer Reihe autobiographischer Zeugnisse ein Bild machen.

Obzwar Positano, wie Kurt Craemer in der Rückerinnerung dankbar schrieb, ein geschützter Platz war, so befand er sich doch in einem mit dem nationalsozialistischen Deutschland verbundenen Land. Dass der lange Arm des Terrors aus der Wilhelmstraße in Berlin bis nach Città morta reichen konnte, mussten einige der Emigranten (Armin T. Wegner, Walter und Lotte Meckauer) bereits 1938 erfahren. Sie wurden während des Staatsbesuchs von Hitler und seiner Entourage (darunter Goebbels, Hess, Himmler), der mit einer Flottenparade im Golf von Neapel endete, für drei Wochen in Salerno inhaftiert.[61] Dass, wie Meckauer schreibt, die Carabinieri in Positano sich regelrecht schämten, den Haftbefehl auszuführen, unterschied sie aber eben doch von deutschen Gestapo-Männern.[62]

Auch die Situation in der deutschen Kolonie war nicht frei von Spannungen. Es gab Sympathisanten von Mussolini und zwei eingeschriebene Mitglieder der NSDAP. Und natürlich lebten auch in Positano überzeugte Faschisten. Als Stefan Andres sich einmal dazu hinreißen ließ, beim Besuch seines Stammlokals ein Hitler-Bild, das der Wirt gerade angebracht hatte, von der Wand zu reißen und auf den Boden zu werfen, wurde er denunziert und musste für mehrere Monate in Rom untertauchen.[63]

Bedrückend waren die wirtschaftlichen Verhältnisse der meisten Emigranten. Einige verfügten zunächst noch über bescheidene Einkünfte aus Deutschland oder wurden von internationalen Organisationen unterstützt. Andere bemühten sich am Ort selber um einen Verdienst. Lotte Meckauer eröffnete einen kleinen Photoladen, Ilse Bruck-Bondy[64] gab Deutschunterricht, und einige mutige Berlinerinnen versuchten sich im Gastgewerbe: Maria Hellersberg gründete die Pension »Montechiaro«[65] und Emmy Flatow, die Witwe eines jüdischen Arztes, mit ihren beiden Töchtern Dorothea und Liselotte die Pension »San Matteo«.[66] Im Gästebuch der Letzteren trug sich 1936 nicht nur Alberto Moravia ein, sondern im Oktober 1938 auch die durch ihre koketten Romane bekannt gewordene Schriftstellerin Joe Lederer, die wegen ihrer jüdischen Herkunft Deutschland hatte verlassen müssen.[67]

»Wir waren alle arm, aber relativ zufrieden«, erinnert sich die ebenfalls aus einer jüdischen Familie stammende Autorin Elisabeth Castonier, die nach der Annexion Österreichs nach Positano floh – in »eine Gespensterstadt«, wie sie schrieb.[68] Die Fremden lebten relativ abgeschieden von den Einheimischen, man feierte bescheidene oder bisweilen schrille Feste, die Lage war geprägt durch gegenseitige Hilfsbereitschaft, aber auch durch Empfindlichkeiten und Eifersüchteleien. Und gleichzeitig, so Stefan Andres und Kurt Craemer in ihren Erinnerungen, durch das quälende Gefühl, abgeschnitten von den Ereignissen und dennoch durch sie bedrängt zu leben – »wie einer dieser an einer Dschungel-Küste vergessenen Weißen in einem Roman von Josef Conrad«.[69]

Für den kritischen Blick von Außen konnte die Situation makabre Züge tragen. Als Lola Landau 1937 für einige Wochen ihren Mann Armin T. Wegner besuchte, spürte sie die Entfremdung: »Nachdem ich einige der Emigranten näher kennengelernt hatte, konnte ich beobachten, daß die meisten dieser Menschen im Exil in Positano sich eine Art von Narrenparadies geschaffen hatten, daß sie in Treibhausluft lebten, jenseits der Wirklichkeit«.[70] Sie kehrte nach Deutschland zurück und wanderte nach Palästina aus.

Im Schatten der Shoa

Tatsächlich sollte sich die Situation mit der Einführung der *leggi razziali* im Herbst 1938 vor allem für die jüdischen Exilanten einschneidend ändern, wenngleich die italienischen Verordnungen nicht die gleiche Rigorosität wie die Nürnberger Gesetze aufwiesen – und bei sehr vielen Italienern eher auf Unverständnis oder Gleichgültigkeit stießen, außerdem nicht mit deutscher Gründlichkeit und Obrigkeitstreue exekutiert wurden. Selbst bürokratische Schlamperei konnte Leben retten.

Gemäß Dekret vom 7. September 1938 mussten alle in Italien lebenden Ausländer »jüdischer Rasse«, die nach 1919 eingereist waren, innerhalb von sechs Monaten das Land verlassen.[71] Nach den Akten der Quästur in Neapel traf diese Ausweisung in der Provinz Kampanien zwischen März 1939 und April 1940 insgesamt 157 Personen, die Mehrzahl unter ihnen Deutsche und Österreicher.[72]

Auch in Positano schreckte das Dekret die Betroffenen auf, war es doch nicht einfach, eine Genehmigung für die Einreise in ein anderes Land zu erhalten und die Reise zu finanzieren. Joe Lederer gelang es, nach Frankreich zu entkommen, Elisabeth Castonier nach England (wo sie in London den deutschen Bombenhagel erlebt), dem Wiener Kapellmeister Erich Schalscha[73] in die USA.

Dorothee Andres, ebenfalls jüdischer Herkunft, blieb ein ähnliches Schicksal erspart. Als sie 1939 die Aufforderung erhielt, das Land zusammen mit ihren drei Töchtern, darunter einer Neugeborenen, unverzüglich zu verlassen, setzten sich der Ortspfarrer, Don Saverio Cinque, und der örtliche Arzt, Dr. Vito Fiorentino, mit einem Attest wegen Reiseunfähigkeit für sie ein; später scheint die Angelegenheit bürokratisch »vergessen« worden zu sein.[74] Dorothee Andres war ein Leben lang davon überzeugt, dass die Familie ohne die Hilfsbereitschaft der örtlichen Bevölkerung die schlimmen Jahre kaum überlebt hätte.

Auch in mehreren anderen Fällen half Dr. Fiorentino mit freundlichen Attesten. So verhinderte er nach Eintritt der Sowjetunion in den Krieg 1941 die Inhaftierung von Iwan Zagoruiko als »feindlicher Ausländer« und die drohende Einberufung von Stefan Andres zum Militärdienst. Man habe in Positano schon von Dr. Fiorentinos »kleinen Totenscheinen« gesprochen, witzelt Kurt Craemer später in seinen Erinnerungen.[75]

Dramatisch war die Lage für den Schriftsteller Essad Bey.[76] Geboren 1905 als Lew Nussimbaum in einer russisch-jüdischen Familie in Aserbaidschan, hatte er nach der Besetzung des Landes durch die bolschewistischen Truppen 1920 das Land verlassen, war 1922 in Berlin zum Islam konvertiert und zum erfolgreichen Autor von Sachbüchern und zwei Romanen geworden. Nach der Annexion Österreichs 1938 emigrierte er nach Positano, wo er, von barmherzigen Nachbarn und von Freunden in der Ferne unterstützt, unheilbar erkrankte. Mehrere von höherer Stelle angeordnete Internierungen wurden von der menschenfreundlichen örtlichen Behörde in eine »Internierung am Ort« umgewandelt, Essad Bey durfte in seinem Haus bleiben, wo er 1942 im Alter von 36 Jahren starb. Bis zuletzt hatte er übrigens auf die »Befreiung« seiner Heimat durch den Vormarsch der deutschen Truppen in Richtung Kaukasus gehofft.

Andere deutsch-positanesische Lebenswege führten in die Shoa. Das betrifft den Maler und Teppichweber Martin Wolff und seine Frau Mathilde, die bereits seit Anfang der 1920er Jahre in Positano lebten und hohes Ansehen in der Fremdenkolonie genossen.[77] »Wolff war ein schweigsamer Mann, die Höflichkeit in Person, es lag etwas Vornehmes in seinem Gebaren [...] Aber warum er sich an diesem kleinen Ort inmitten der Ruinen so wohl fühlte, das verriet er nicht«: So der niederländische Autor Johan van der Woude in seinem autofiktionalen Roman *Spel in Positano* (1937).[78] Noch Ende 1938 konnte der Künstler mit seinen von traditionellen Techniken inspirierten Teppichen an einer Ausstellung in Positano teilnehmen, im Dezember 1939 wurde er ausgewiesen und im Lager Agnone in der Provinz Isernia (Molise) interniert, seine Frau in San Lorenzo Nuovo bei Viterbo.[79] Ende 1941 durfte er für acht Tage nach Positano zurückkehren – dank mehrerer Krankheitsatteste von Dr. Fiorentino und langsam mahlender bürokratischer Mühlen wurden aus den acht Tagen fast sechs Monate.[80] Im Juli 1942 wurde er erneut interniert, jetzt ebenfalls in San Lorenzo Nuovo. Im Dezember 1943 wurden er und seine Frau dort bei einer Juden-Razzia durch die Polizei der faschistischen »Republik von Salò« gefasst, ins Durchgangslager Fossoli bei Modena gebracht und von dort am 5. April 1944 von der SS nach Auschwitz deportiert.[81]

Ein ähnliches Schicksal erlitt die Familie des Münchner Kaufmanns Albert Adler, in Positano als *scrittore*, »Schriftsteller«, registriert, »ein gelehrter, hochgeistiger Mensch, bewußter Jude« (Lola Landau).[82] Zusammen mit seiner Frau Theodora und seinen drei Kindern[83] 1936 nach

Positano emigriert, wurden sie 1940 ausgewiesen, nach einer Odyssee durch verschiedene Internierungsstationen 1943 in den Abruzzen von den Deutschen aufgegriffen und ebenfalls nach Auschwitz deportiert. Nur der älteste Sohn konnte entkommen.[84]

Die Schicksale anderer jüdischer Emigranten verlieren sich nach ihrer Ausweisung im Dunkeln.[85] Einige konnten in Positano überleben, unter Umständen, die nicht glücklich, wohl aber glücklicher zu nennen sind, als sie in Deutschland gewesen wären. Dazu gehören außer der Familie Andres und Irene Kowaliska die gelähmte Malerin Paula Bärenfänger,[86] die Deutsch-Polinnen Lutka Glückmann[87] und Rita Szlumiel,[88] Ilse Bruck-Bondy mit ihrem Sohn Michele Theile sowie Dorothea und Liselotte Flatow.[89]

Max Melamerson in Vietri musste nach den »Rasse«-Gesetzen seine Keramik-Fabrik ICS 1938 schließen, investierte erfolglos in ein neues, »anonymes« Unternehmen (Manifattura Artistica Ceramica Salernitana, MACS), wurde 1940 zusammen mit seiner Frau interniert und im Lager Ferramonti in Kalabrien 1943 von den im Süden Italiens glücklicherweise rascher vorrückenden Alliierten befreit.[90] 1945 nach Vietri zurückgekehrt, fanden sie Werkstätten und Wohnung geplündert, ein Neuanfang misslang. Melamerson starb 1948 in Rom, seine Frau wanderte 1954 in die USA aus. Ihre künstlerischen Ideen leben bis heute in der Vietri-Keramik weiter.

In Positano, einer Stadt, über die bald die Ströme des Tourismus fluten sollten, bewahrte die kleine Gemeinschaft der Geretteten die Erinnerung an die gemeinsame Geschichte von Verfolgung und Exil. Als die aus einer jüdischen Familie in Thorn stammende Lutka Glückmann 1955 im Alter von 90 Jahren starb, hielt ihr Armin T. Wegner die Grabrede mit einer Lesung aus dem Buch Hiob. Und warf ihr eine Handvoll Erde ins Grab »im Namen Deines Volkes, das Du auch als Christin niemals vergessen konntest«.[91]

Der Garten der Erinnerung

Der Friedhof in Positano ist der Ort, an dem viele dieser Geschichten zusammenfließen, ein stiller Garten der Erinnerung. Ein Ort zugleich, der als Stadt der Toten die Stadt der Lebenden spiegelt: schmale, übereinandergeschichtete Terrassen senkrecht in die Tiefe abstürzend, und von jedem Grab der schönste Blick aufs Meer. Hier gibt es, anders als auf anderen italienischen Friedhöfen, keine Trennung nach Glaube oder Herkunft, Einheimische und Fremde sind Nachbarn geblieben. »Vor allem in Kriegszeiten ist die Nähe der Toten hilfreich und tröstend«, hat Stefan Andres geschrieben (der unmittelbar neben dem Friedhof wohnte), und gleich an dessen Eingang, unter einem alten Johannisbrotbaum, liegt das Grab seiner 14-jährigen Tochter Mechthild, die im Winter 1942 von Hunger entkräftet an Typhus starb.[92] Vierzehn Rosen und ein lateinischer Vers aus einem biblischen Psalm schmücken es. Ein paar Schritte weiter, vorbei an Michail Semenov, Paula Bärenfänger, Maria Hellersberg und Zinaida Hellestrom, lässt der Maler Iwan Zagoruiko aus einer schmalen Nische wissen: *Come è bello il mondo di Dio*. An einem Absturz dann, in prominenter Position, das Grab von Essad Bey. Auf der Sterbeurkunde des 36-Jährigen hatte ein mitfühlender kommunaler Beamter 1942 in die Rubriken »Nationalität« und »Rasse« eingetragen: *americano di razza ariana*.[93] In Yad Vashem wird er als Lev Nussimbaum unter die Opfer der Shoa gezählt.[94] Und auf seiner Stele, nach Mekka gerichtet, steht vor seinem Namen Muhammed Essad Bey in arabischen Lettern der erste Vers aus der ersten Sure des Koran: *bi-smi llāhi r-raḥmāni r-riaḥīmi*. Es gibt keinen Ort an der Costiera, an dem der kosmopolitische Geist der Region eindrucksvoller zu erleben wäre.

Sturm auf den Dom. Touristen in Amalfi, 2019

Welterbe und Alltag
Die heimische Costiera

Überlastete Küste. Das Problem des Tourismus

»Es ist nicht mehr mein Amalfi«, sagt der Freund, der hier geboren wurde und fast sein ganzes Leben verbracht hat, »sobald wir aus der Tür treten, werden wir verschlungen von der Flut der Touristen, finden kaum noch unseren Weg, alles ist überfüllt – und es wird von Jahr zu Jahr schlimmer«. In der Tat ist die Costiera Amalfitana heute eine vom Tourismus extrem belastete, eine überlastete Landschaft. Auf der vor fast zweihundert Jahren dem Felsen abgerungenen Verbindungsstraße am Meer entlang, *SS 163 Amalfitana*, einst vielleicht wirklich der »schönsten Straße der Welt«, wälzen sich nicht selten schier endlose Autokolonnen.[1] Einige Ortschaften sind heillos überfüllt, wenige Meter hinter der Influencerin, die am Strand von Amalfi für ihr *beach picture* posiert, drängen sich die Menschenmassen. Die Costiera Amalfitana, 1997 von der UNESCO als eines der ersten Gesamtensembles aus Natur und Kultur in das Welterbe der Menschheit eingereiht,[2] erfreut sich seit Jahren und leidet zugleich an einer stetig und rapide wachsenden Besucherzahl.[3]

Natürlich ist das mehr noch als für die Besucher ein Problem für die Bewohner selber. Wer zur Arbeit, zur Schule oder zur Universität nach Salerno möchte, braucht lange Zeit für kurze Wege. Noch länger können sie für den werden, der in einem der blau blinkenden Ambulanzfahrzeuge unterwegs sein muss. Andere Probleme kommen hinzu: Wohnraum an der Küste ist knapp und teuer, viele Häuser stehen außerhalb der Saison leer, andere und immer mehr werden permanent kurzzeitvermietet, selbst in traditionell ruhigen Wohnvierteln. Es wundert nicht, dass sich bei vielen Alteingesessenen zunehmend das Gefühl ausbreitet, an einem Ort zu leben, der immer weniger »ihr eigener« ist.

Probleme schafft die Situation auch für das soziale Gefüge. Zwar weist die Amalfiküste statistisch den höchsten Beschäftigungsindex der gesamten Region Kampanien aus,[4] auf der anderen Seite durchdringt der Tourismus alles, bildet eine Art Monokultur auf dem Arbeitsmarkt,[5] wirft die lockende Angel des schnellen Geldes aus. »Tourismus wird es hier immer geben«, schwört sich der aufgeweckte *ragazzo*, der gerade den Hörsaal in Salerno für immer mit dem Rezeptionisten-Tresen in einem Fünf-Sterne-Hotel vertauscht hat. Wer andere Lebensperspektiven sucht, verlässt die Küste. In fast allen der dreizehn Kommunen sinkt die Einwohnerzahl kontinuierlich.[6]

Dennoch ist, von außen betrachtet, diese Küste anders als zahllose andere im Mittelmeer dem Tourismus der Massen nicht erlegen. Das liegt vor allem an ihrem steinernen Leib. Die in die Felsen geschachtelten Ortschaften verbieten größere urbanistische Eingriffe. An den meisten Stellen gibt es nur kurze Strandabschnitte, die oft kieselig und gnädig eingedunkelt sind durch die Ausbrüche des Vesuv – keine erste Sahne also für einen massenhaften Bade- und Strandtourismus. Und während andere sogenannte Luxusdestinationen in Italien während der Wintermonate wie tot wirken, pulsiert durch die Ortschaften der Costiera noch immer das Leben. Es ist dieser Landschaft zugutegekommen, dass jeder schnelle Boom, jede fixe Mode hier ausgebremst wird durch die Trägheit der Steine. Die Costiera wird so schnell nicht zu ruinieren sein.

Ihre Veränderungen als Reiselandschaft sind dennoch beträchtlich. Sie kommen nicht nur von der zunehmenden Zahl der Kurzzeitbesucher, sondern vor allem vom Tourismus des großen Geldes. Die Zahl der Luxushotels und -resorts ist in den letzten Jahrzehnten sprunghaft angestiegen, traditionelle, familiengeführte Häuser wurden von international agierenden Investoren übernommen, wodurch sich auch der Charakter der Ortschaften verändert hat. Kleine Trattorien mit heimischen Angeboten verschwinden zunehmend, in immer mehr Wirtschaften wird Wein nicht mehr in der traditionellen Karaffe, sondern abgemessen im Stielglas serviert. Die Costiera will chic werden, und sie wird es. Das betrifft die Preise und die Umgangsformen, aber auch die Gestalt des öffentlichen Raums. Wo auf der Piazza einst Apotheke, Post und Zeitungsladen beheimatet waren, dominieren heute Mode- und Souvenirläden.

Winter und Sommer. Im Rhythmus der Jahreszeiten

Die heimische Bevölkerung lebt längst ihr eigenes Leben nur noch überblendet vom globalen Tourismus. Stärker als im Norden pulsiert es im Rhythmus der Jahreszeiten – im mediterranen Süden sind es im Grunde nur zwei: Sommer und Winter. Der Winter, längst nicht mehr Hochsaison (wie noch vor hundert Jahren), ist zwar keineswegs tourismusfrei, aber dennoch *fuori stagione*, die Zeit außerhalb »der Saison«. Sie kündigt sich im September an, die Strandbetreiber bauen dann allmählich ihre *stabilimenti* ab, die Kinder gehen wieder zur Schule, Erleichterung, die Mühen des Sommers glücklich überstanden zu haben, klingt in vielen Gesprächen an. Im Oktober werden die Oliven und die Kastanien geerntet, die *limoneti*, die Zitronenkulturen, verschwinden unter schwarzen Netzen, was einen melancholischen Schleier über die Landschaft wirft.

Den endgültigen Abschied vom Sommer markieren die Totengedenktage Anfang November, die hier schlicht *I Morti* heißen und unter großer allgemeiner Anteilnahme auf den Friedhöfen begangen werden. Das Leben läuft dann ruhiger als im Sommer, das gilt (anders als in Deutschland) auch für den Dezember, hier ein ganz normaler Monat. Die Advent-Sonntage werden nicht begangen, einen »Heiligen Abend« mit großer Bescherung gibt es nicht, *Natale*, das Fest der Christgeburt, wird in Amalfi mit Böllern und einem grandiosen pyrotechnischen Spektakel begangen, auf dessen Höhepunkt der bengalisch illuminierte Stern von Bethlehem über die bunt erleuchtete Stadt niedergeht. Während man sich zuhause im Kreis der erweiterten Familie trifft und um Mitternacht der oder die Jüngste in der Runde den *bambino Gesù*, das Jesuskind, in die vielbevölkerte Krippe legt.

Nach *Capodanno*, dem Neujahrsfest, wird es dann ziemlich still an der Costiera. Und bis in den April hinein oft empfindlich kalt, besonders in den Orten auf den Bergen, ist doch der Gebrauch von Zentralheizungen (die früher ganz unbekannt waren) noch immer nicht selbstverständlich. Man zieht sich eben warm an, auch im Haus. So gut wie alle Hotels und Restaurants sind jetzt ebenso geschlossen wie die Geschäfte und Betriebe mit touristischen Offerten. Und wer im Sommer für die Fremden gearbeitet hat, denkt jetzt an sich und an die Familie. Sofern man nicht selber verreist, widmet man sich gern den Arbeiten in den Häusern und Gärten, das erste Gemüse wird gepflanzt, die Terrassen und die Trockenmauern müssen instand gesetzt werden, und wo man noch ein Schwein hält, wird es geschlachtet und verarbeitet. In den kleinen *aziende agricole* herrscht Hochbetrieb, die Monate März und April sind die Haupterntezeit für die Zitronen.

Den Übergang zum Sommer, zumindest zur neuen Saison markieren die Ostertage. Die vorhergehende *Settimana Santa*, die Karwoche, ist geprägt von einer Reihe von Manifestationen, die – von Ort zu Ort verschieden und organisiert von lokalen Laiengruppen – das Passionsgeschehen in den Mittelpunkt stellen. Sehr alte Traditionen leben in Minori in der Prozession der *battenti*, der Geißler, mit ihren weißen Kutten in der Nacht von Gründonnerstag auf Karfreitag weiter.[7] Am Karfreitagabend wird dann überall der tote Christus zu Grabe getragen (*Cristo morto*), der ganze Ort schließt sich dem Trauerzug durch die verdunkelten, nur von Fackeln erhellten Straßen an. Mancherorts wird das gesamte Passionsgeschehen nachgestellt (*Via Crucis*). Mit der Feier der Osternacht kehrt schließlich das Leben zurück. Und wird am Sonntag mit dem opulentesten aller Festessen gefeiert, bei dem das Fette endgültig über das Magere triumphiert.

Heimisches Leben nimmt in den Sommermonaten vor allem in den Heiligenfesten Gestalt an, die dem Patron oder der Patronin des jeweiligen Ortes gelten. Die Straßen sind mit Lichterketten geschmückt, gegen Abend werden die *bancarelle* aufgebaut, Verkaufsbuden vor allem mit Kinderspielzeug, die *banda musicale* formiert sich für ihren Auftritt. Alt und Jung strömt auf der Piazza zusammen, die kleinen Kinder sind festlich gekleidet, man begrüßt sich, steht in Gruppen beieinander, unterhält sich, die Musikkapelle spielt – die *festa* ist vor allem ein Fest der Gemeinschaft. Nach der Messe wird die Statue des Heiligen, sichtbares Zeichen dieser Gemeinschaft, in feierlichem Umzug durch die Straßen getragen, kehrt anschließend in die Kirche zurück.

Der Sommer des Sommers sind die Monate Juli und August, und er explodiert an *Ferragosto*, dem Fest von Mariae Himmelfahrt am 15. August. Je höher hinauf, umso besser heißt auch die irdische Parole bei diesen Temperaturen: In Tramonti, Scala, Furore und anderen Bergdörfern haben jetzt die Ausflugslokale Hochkonjunktur, der Duft des Holzkohlefeuers, der *brace*, hängt in der Luft, man sitzt unter freiem Himmel an langen Tafeln bis in die späte Nacht zusammen, Gruppen von zwanzig und mehr Personen sind nichts Ungewöhnliches, und manchmal sind sogar noch Geige, Mandoline und Gitarre mit im Spiel. Und wenn man den Gesprächen lauscht, die über die Tische fliegen, kann man den Eindruck gewinnen, als sei die Küste der überlasteten Straßen und der touristischen Massen samt all ihren Begleiterscheinungen sehr weit entfernt.

Mare e terra. *Die eigene Küche*

Was verbindet, das lokale Selbstbewusstsein prägt, ist nicht zuletzt der Stolz auf die eigene Küche, selbst wenn sie längst im Prozess der Globalisierung angekommen sein mag. Traditionell eine Küche zwischen *mare* und *terra*, also der Fisch- und Meeresfrüchteküche an der Küste und der Fleisch- und Gemüseküche in den Bergen, spiegeln sich in ihr noch immer geographische Varietäten.

Der lokale Fischfang, einst eine wichtige Erwerbsquelle, spielt heute fast überall nur noch eine marginale Rolle. Eine Ausnahme bildet Cetara, ein Ort mit langer Tradition im Thunfischfang,[8] der noch immer über eine bemerkenswerte Fischereiflotte, vor allem für den roten Thunfisch verfügt. Außerdem kommt aus Cetara die *colatura di alici*, eine scharfe Würzsoße, die bereits den alten Römern unter dem Namen *garum* bekannt war und durch das monatelange Fermentieren von *alici* (Sardellen) in Salzlake gewonnen wird. *Alici*, in vielfältiger Form zubereitet und sehr präsent in der lokalen Fischküche, gehören zu jenen »einfachen« Fischen, die man *pesci azzurri* nennt und die noch immer an der Küste gefangen werden, *alla lampara*, von hell erleuchteten, kreisförmig agierenden Booten aus, deren Lichter in den Nächten als weiße Pünktchen auf dem Meer schimmern.

Mit kulinarischen Besonderheiten wetteifern die verschiedenen Ortschaften. Die *zucca lunga*, ein langer, gefüllter Kürbis, ist das gastronomische Markenzeichen von Atrani, man isst (und zelebriert) ihn dort um den 22. Juli, dem Fest der Ortspatronin Santa Maddalena. Praiano rühmt sich seiner *totani alla praianese*, Nerano der *spaghetti alla Nerano*. Lokale Ursprungserzählungen kommen hinzu: Die *sfogliatelle* (ein mit Creme gefülltes Blätterteiggebäck) sollen von den Domenikanerinnen von Santa Rosa in Conca erfunden worden sein, die *cannelloni* 1924 von einem Koch des »Cappuccini« in Amalfi.[9] Die Liebe zur Heimat geht an der Amalfiküste gern durch den Magen.

Eine spezifische »Cucina Amalfitana«[10] ist freilich eher eine Konstruktion. Die Küche der Amalfiküste ist – ähnlich wie ihr Dialekt – Teil des Großraums Neapel, mit jeweils einschlägigen Variationen. Die tägliche Pasta gehört in vielen Familien noch immer zum Küchenzettel (man denke an die ehedem berühmte *pasta della costa*); als lokale Besonderheit gelten die *ndunderi* (eine Art *gnocchi*), deren Erfindung man sich in Minori rühmt.[11] Eine wichtige Rolle spielen, vor allem im Winter, die Blattgemüse, darunter *scarola* (eine Art Endivie), *friarielle* (wilder Brokkoli), *cima di rapa* (Stängelkohl) und andere Kohlarten. Von der Beliebtheit der *melanzane* (Auberginen) an der Costiera berichtet bereits ein französischer Reisender von 1632;[12] Spezialitäten sind die *parmigiana di melanzane* und die süße Version der *melanzane al cioccolato*, deren Erfindung in Maiori reklamiert wird. Und anders als man im Norden oft annimmt (und anders als in anderen Landesteilen Italiens), sind Kartoffeln durchaus in gutem Gebrauch (zum Beispiel als *pasta e patate* oder *gateau di patate*, einem Kartoffelauflauf) – möglicherweise beliebt geworden durch die deutsch-schweizerische Industrieansiedlungen in der Provinz Salerno im 19. Jahrhundert.[13] In dem Bergdorf Tovere feiert man im August sogar ein Kartoffelfest (*sagra della patata*).

Nicht alles gibt es immer und überall. Mehr noch als im Norden bestimmen die bäuerlichen Jahreszeiten und die Erinnerung an die Fastenperioden das Menü, bieten die Festtage Besonderes. Die *zuppa maritata* ist ein typisches Winter- und Festessen, das aller Augen zum Leuchten bringt, ein aus verschiedenen Gemüsen (rituell sind es sieben) und mit viel Fleisch stundenlang geköchelter Eintopf. Schweinernes galt früher ebenfalls als Winteressen. Ein österlicher Klassiker ist der *casatiello*, ein rustikaler Schmalzkuchen mit Körnern, Pecorino und eingebackenen Eiern.

Ein eigenes Kapitel bilden die *dolci*, die süßen Speisen und Backwaren, in deren opulenter Präsenz, ähnlich wie in

Sizilien, die kulinarische Süß-Kultur der Araber weiterlebt. Selbst in einfacheren Bars ist nicht selten ein eigener *pasticciere* am Werk, aus einigen dieser Bars sind inzwischen Patisserien entstanden, die weit über die Amalfiküste hinaus Ansehen genießen. Denn die *dolci* sind ein fester Bestandteil des Menüs, nicht zuletzt an den Sonntagen, wenn die Bars vormittags zusätzlich eine reiche Palette von sogenannten *mignon* anbieten, Gebäck-Miniaturen in allen möglichen Varietäten, Leckerbissen zum Beschluss des sonntäglichen *pranzo* und bei den Gästen als Mitbringsel zur gemeinsamen Tafel beliebt.

Üppige Cremes spielen bei den *dolci* eine wichtige Rolle, wobei die Aromen aus den heimischen Zitronen und Orangen ihr Bestes geben, so bei der *delizia al limone* (einer zur Halbkugel geformten Zitronencreme auf Biskuitboden). Cremefüllungen sind ohnehin häufig im Spiel, so etwa bei den auch aus Sizilien bekannten *cannoli*, den bereits erwähnten *sfogliatelle* oder den *pasticciotti* (einem Mürbeteig-Gebäck). Bei den Torten ist die dunkle *torta caprese* (eine Nuss-Mandel-Schokoladen-Torte) ein Klassiker, in jüngster Zeit hat die *torta ricotta e pera* (mit Birnencreme) an Boden gewonnen, die von einem Patissier in Minori kreiert wurde.

Aktuelle Entwicklungen gibt es auf dem Gebiet der Weinkultur. Die Costiera (und dort vor allem Ravello) war bis zur ersten Hälfte des 20. Jahrhunderts berühmt gewesen für ihre Weine, nach dem Zweiten Weltkrieg allerdings von der Konkurrenz aus nördlicheren Regionen ins Abseits gestellt worden.[14] Seit etwa zwei Jahrzehnten hat eine Reihe von jüngeren Winzern die Tradition aufgegriffen und produziert, vor allem in Furore und Tramonti, auf sehr kleinen Flächen bemerkenswerte und zum Teil sogar national hochprämierte Weine.

Natürlich sind, wie überall im Süden, Essen und Trinken an der Costiera nicht nur eine Frage des Menüs, sondern eng mit dem sozialen Leben verbunden, obwohl ein gewandelter Arbeitsrhythmus Veränderungen mit sich gebracht hat. Gemeinsame tägliche Mahlzeiten und die Kultur der *convivialità*, der festlichen geselligen Tafelgemeinschaft, spielen noch immer eine große Rolle. *Chi magna sulo, s'affoca*, lautet ein bezeichnendes Sprichwort, »Wer alleine isst, verschluckt sich«. Zu dieser Tafelgemeinschaft gehören neben dem stark erweiterten Kreis der Familie die Freunde, nicht zu vergessen die Kinder. Vor allem die Feiertage begeht man gern mit einem opulenten mehrstündigen Mittagessen oder einem *cenone*, einem großen Abendessen, sei es zuhause oder in einem Restaurant. Und dem Essen, dem heimischen Essen natürlich, seinen Vorzügen

Gran Caruso, historisches Weinetikett, um 1910

und seinen jetzigen und einstigen Besonderheiten, widerfährt dabei die gebührende Anerkennung in nicht enden wollenden Gesprächen.

Weltkulturküste. Die Gegenwart des Vergangenen

Zu dem, was verbindet, gehört der Stolz der Bewohner auf die große Geschichte ihrer Heimat im Mittelalter, wie sie schon im Stadtbild von Amalfi allgegenwärtig ist. Großformatige Keramikgemälde, Wandtafeln mit Inschriften und historischen Zitaten sowie das Denkmal für Flavio Gioia mit dem Kompass machen sie sichtbar, opulent zelebrierte städtische Feste beschwören ihre Erinnerung. Dazu gehört seit 1955 die *Regata Storica delle Antiche Repubbliche Marinare*, eine historisch inszenierte Ruder-Regatta, bei der die vier einstigen Seerepubliken Amalfi, Venedig, Pisa und Genua ihre alte Rivalität spielerisch aufleben lassen.[15] Am »Byzantinischen Neujahr« erinnert die Stadt alljährlich mit einem Festakt und einem *corteo storico* an die Gründung der Republik im Jahr 839.[16]

Aber auch die mehr als zweihundertjährige Geschichte als Fremdenverkehrsregion hat die Erinnerungskultur ihrer Bewohner geprägt. *I forestieri*, »die Fremden«, die diese Küste einst besucht und dort ihre Spuren hinterlassen haben, gehören noch immer zu ihren imaginären Bewohnern. Man spricht von ihnen, als würde man sie kennen, als hätten sie die Küste nur vorübergehend verlassen. In Praiano kann einem jeder das Haus des amerikanischen Konzept-Künstlers Sol LeWitt zeigen, in Positano das Anwesen des deutschen Pianisten Wilhelm Kempff. In Ravello kennt man die Geschichte von Humphrey Bogart und dem Esel, in Amalfi die Episode vom Zerwürfnis zwischen Anna Magnani und Roberto Rossellini beim Lunch im Hotel »Luna«. Gedenktafeln halten Namen und Anwesenheiten fest, manchmal besondere Verdienste oder Arbeiten, die hier entstanden sind. In Scala haben Bewohner sämtliche Zeichnungen, die

Diodoro Cossa, Die Gründung der Republik, Wandgemälde am Lungomare von Amalfi, Keramik, 1968

Carl Blechen 1829 von ihrem Dorf gemacht hat, in einer Passage im Zentrum reproduziert. Atrani ist mit Abbildungen aus dem Werk des niederländischen Künstlers Maurits C. Escher dekoriert, denen Motive aus dem Ort zugrunde liegen. In Ravello wird alljährlich der Geburtstag des 2012 in Los Angeles gestorbenen Gore Vidal gefeiert (*Buon compleanno, Gore Vidal!*), und manchem *forestiero* ist sogar die Ehre einer postmortalen Repatriierung widerfahren: Nachdem sich die Gräber von Francis Nevile Reid und seiner Frau Sophia Carolina zunächst jahrzehntelang auf dem englischen Friedhof in Neapel befunden hatten (sie waren in der Stadt am Golf gestorben), wurden sie nach Ravello transferiert, gehören jetzt zur Gemeinschaft der *Morti* und ihres Gedächtnisses auf dem lokalen Friedhof.

Die Kultur der Erinnerung wird gefördert durch öffentliche Einrichtungen und private Initiativen. Das 1975 gegründete *Centro di Cultura e Storia Amalfitana* in Amalfi widmet sich der Erforschung der mittelalterlichen und frühneuzeitlichen Regionalgeschichte und organisiert regelmäßig Ausstellungen zu europäischen Künstlern, die an der Costiera tätig waren, hält durch Publikationen und Kongresse die Geschichte der Grand Tour lebendig. Das *Centro Universitario Europeo per i Beni Culturali* in Ravello widmet sich seit 1983 der Erforschung und Pflege des kulturellen Erbes, integriert dabei ebenfalls die Geschichte der Fremden. In Positano gibt es ein *Museo del viaggio*, zudem erinnert eine rührige private Galerie mit wechselnden Ausstellungen und Dokumentationen an die internationale Künstlerszene der Stadt im 20. Jahrhundert. Nicht nur das Eigene, auch das Fremde ist an der Costiera stets gegenwärtig.

Sant'Andrea, der heilige Patron von Amalfi, steht dafür in der Pflicht. Der Volksmund schreibt ihm einen Wesenszug zu, in dem sich göttlicher und irdischer Segen verbinden: *Sant'Andrea è amante d' 'o furastiere*, »Sant'Andrea ist des Fremden Freund«. Kein Wunder, schließlich war er ja selber einmal fremd hier.

Anmerkungen

Felsen und Fjorde. Landschaft der Extreme

1 »Göttliche Küste, Positano« war bereits der Werktitel eines Ölgemäldes von Carlo Mense (1924), bezieht sich dort aber auf das Arkadische des Motivs; von der »göttlichen Küste« spricht auch rückerinnernd Stefan Andres (1957, 175). Seit den 1970er Jahren wird der Begriff bzw. sein italienisches Pendant *Divina Costiera* zunehmend zum Slogan der Amalfiküste.
2 Bandello 1928, 346–358
3 Kiesow 1894. Zu den erfolgreichen Bearbeitungen des Stoffs gehört Joseph Weigls 1794 in Wien uraufgeführte Oper *La principessa d'Amalfi*, die Goethe 1798 in Weimar in Übersetzung von Christian August Vulpius inszenierte.
4 Camera 1881, II, 82
5 Apronius 1723, 448f.; Ruskin 1956, 164; Stahr 1863, 430. Zu Masaniello vgl. Richter 2022, 35–39
6 Crawford 1888. Schauplatz für die Experimente der Gruppe, deren Mitglieder einen Sommer lang »in einem temporären Exil in einer unzugänglichen Region« (S. 9) leben wollen, ist ein imaginäres »Castello del Gaudio« in Pogerola. – Der US-amerikanische Autor lebte von 1886 bis zu seinem Tod 1909 in Sant'Agnello bei Sorrent. Vgl. Poole 2011, 15ff.
7 Forster 1947, 1–29. Vgl. S. 98
8 Herling 1996, 84ff. (*Die silberne Schatulle*) und 219ff. (*Der Friedhof des Südens*). Herling lebte von 1955 bis zu seinem Tod 2000 in Neapel.
9 Carlo Mense und Adolf Erbslöh lebten 1923/24 in Positano. Vgl. Cepl/Cepl-Kaufmann 2021, 67–70
10 Zu Escher und der Amalfiküste vgl. Locher 1994, 35f. und Abb. Nrn. 148–153, 206–214, 446 sowie Romito 2020, 171–178
11 Die Gemeinde erinnerte noch 110 Jahre später mit einer Messe und einer Publikation an die Ereignisse, vgl. ›Il Giornale di Salerno‹, 23.10.2020, sowie ›Il Vescovado‹, 22.10.2018
12 ›Positanonews‹, 26.3.2020. Der Maler Richard Seewald wurde Zeuge der Ereignisse in Positano (Seewald 1977, 188f.). Die Gemeinde gedenkt bis heute des Ereignisses am Jahrestag.
13 ›Positanonews‹, 24.10.2021, und Wikipedia »Alluvione di Salerno del 25 ottobre 1954« [6.5.2022]
14 Zuerst erschienen in: *Die Wandlung* 4 (1949), 501–508; später veröffentlicht u.d.T. *Der Bergrutsch* (in Kaschnitz, GW IV, 136ff.), Zitat S. 139. Marie Luise Kaschnitz besuchte zusammen mit ihrem Mann Guido Kaschnitz seit Ende der 1920er Jahre regelmäßig Amalfi, vgl. Tagebücher I, 185–193, 213f., 382–388; 498–502 sowie GW I, 134–147; III, 431, 504, 579, 631. Von der Gegend inspiriert sind außer mehreren Gedichten (GW V, 35–38) und der Erzählung *Das Wunder* (GW IV, 248ff.) auch das Hörspiel *Hotel Paradiso* (GW VI, 190–221), das ebenfalls eine Todeserfahrung an der Costiera zum Thema hat.
15 Gigi Di Fiore: Frana in Costiera, tragedia sfiorita ad Amalfi, in: ›Il Mattino‹, 3.2.2021
16 Adinolfi 2019, 131–136. Nach offiziellen Angaben der Region Kampanien haben rund siebzig Prozent der Waldbrände der Provinz Salerno in den Jahren 2016 bis 2020 als »anthropogen« zu gelten (Ravello, Centro Universitario Europeo per i Beni Culturali [CUEBC], Saperi locali, 5).
17 Andres 2009, 7
18 *Cento Nouella*, 1519, XXVIIr. (*Decamerone* II, 4)
19 Müller 2012, 99f.
20 Benjamin, GS IV/1, 309–312
21 Steinbeck: Positano, in: ›Harper's Bazaar‹ 86 (1953), 155
22 Peyrefitte 1952, 173 (Ü.: Richter)
23 Andres 1957, 175
24 Braudel 1990, I, 35

Im Schatten des römischen Imperiums. Die Küste der Sirenen

1 Tacitus, *Annalen* IV, 67
2 Zur antiken Topographie der Halbinsel von Sorrent vgl. Beloch 1890, 260–274, und Neumeister 2005, 248–260

3 Pomponius Mela II, 69, sowie Ovid, *Metamorphosen* XV, 709
4 Vgl. Statius Silvae, III, 2, 23f.
5 Neumeister 2005, 266f.
6 Strabon, *Geographika*, V, 247 (*Seirennousson akroterion*)
7 Strabon, *Geographika*, I, 22–23 und V, 247 (*Seirenas*). Bei Vergil heißen sie die »Felsen der Sirenen« (*scopuli Sirenum*, *Aeneis* V, 864), der Geograph Pomponius Mela spricht rückblickend von den »Felsen, welche die Sirenen bewohnten« (II, 69).
8 Die Sirenen wurden in der Antike als Zwitter aus Mensch und Vogel dargestellt, erst im Mittelalter wurden sie fischschwänzig gedacht.
9 »… ein Meer, durch das nochmals Odysseus kommen kann, jeden Augenblick, ein altes griechisches Meer« (Rilke 1930, 196)
10 Rilke 1965, 208f. (*Ausblick von Capri*)
11 Vergil, *Aeneis* V, 866
12 Statius Silvae, III, 5, 100. Zur Rekonstruktion des Leuchtturms und seiner Funktion vgl. Krause 2003, 93–96
13 Goethe, *Italienische Reise*, 14.5.1787, MA XV, 386–391. Kniep hat die Szene in seiner Zeichnung mit dem missverständlichen Titel »Segelschiffe vor Capri« festgehalten.
14 Dumas 1861, 256
15 Führich 1883, 153; Oefele 1833, 39f.
16 Via Lorenzo d'Amalfi 28 (Reste eines Nymphäums oder einer Thermenanlage)
17 Zu Carlo Weber vgl. Romito 1998, 24–29
18 Über den Resten entstand im 10. Jahrhundert ein Benediktinerkloster, in unmittelbarer Nachbarschaft der heutige Dom.
19 Vgl. Richter 2018, 41f.
20 Dazu gehörten neben der luxuriösen Ausstattung der Villa die Anlage eines Hafens sowie ein weiteres Gebäude, vermutlich für die Dienerschaft. Vgl. Romito 1998, 22–24
21 Romito 1998, 32f. Die Kommune bemüht sich zurzeit (2022), die antiken Stükke in der Stadt zu registrieren und teilweise ins Museum zu überführen.
22 Romito 1998, 33–36
23 Besonders eindrucksvolle Beispiele in den Kirchen von Minuta, Scala und Ravello.
24 Bracco 1977, 15–17
25 Schwarz 1978, 49 und 202f.
26 Ercolino 1997, 41–55
27 Swinburne 1787, II, 206f.
28 Zum Folgenden vgl. Massine 1968, 108f., 144f., 156–161, 168, 276–278. Dazu Ercolino 1997, 67–73; Kara-Murza et al. 2015, 218–222; Cepl/Cepl-Kaufmann 2021, 124–128
29 Zu Semenov vgl. S. 116
30 Massine 1968, 277f. Über die Zusammenarbeit mit Paul Hindemith auf den Inseln vgl. ebd., 208–210
31 In Scala angesiedelt ist das 1924 gegründete dänische Studienzentrum im ehemaligen Benediktinerinnenkloster San Cataldo, das der Mäzen Carl Wiinstedt (Kopenhagen 1875 – Ravello 1932) 1909 erwarb. Positano ist Sitz der Wilhelm-Kempff-Kulturstiftung, von Kempff (Jüterbog 1895 – Positano 1991) in seinem Haus Casa Orfeo 1957 ins Leben gerufen. Die von dem amerikanischen Künstler Sol LeWitt (Hartford 1928 – New York 2007) in seiner Villa Letizia in Praiano geplante Sol LeWitt Foundation scheint nicht zustande gekommen zu sein.
32 Kavanagh 2007, 825f., 837f., 868f., 873f., 889–893
33 Kara-Murza et al. 2015, 222f.
34 www.vladi-private-islands.de

Orient und Okzident. Die Seerepublik von Amalfi und das mittelalterliche Europa

1 Adlerhold 1702, 512; ähnlich Swinburne 1787, II, 182
2 *Chronicon Salernitanum*, Kap. 87–90; zur Debatte um die Gründungslegende vgl. Sangermano 1981, 37–40
3 Abulafia 2013, 355
4 Schwarz 1978, 14f. Der Bischof würde damit den Einwohnern ein schlechtes

Beispiel geben, die dann ebenfalls das befestigte *castrum* mieden und sich außerhalb ansiedelten.

5 Tudela 1991, 19

6 Sie ist Teil des Gründungsmythos des Stuhles Petri, wie ihn Raffael in den Stanzen des Vatikan gemalt hat.

7 »*Contra hostes fidei semper pugnavit Amalphis*« (»Stets kämpfte Amalfi gegen die Feinde des Glaubens«). Das Zitat soll von Giovanni Tortelli (um 1400–1466) stammen, das Gemälde wurde 1950 von dem Vietreser Keramik-Künstler Renato Rossi gestaltet.

8 Schwarz 1978, 28–31. Über die Erfolge der frühen Flotte vgl. Gargano 2010, 7–10. Über den Umfang der Flotte und die verschiedenen Schiffstypen ebd., 33–46

9 Vgl. Gargano 2010, 17–33

10 Camera 1881, II, 650

11 Gargano 2020, 9ff.; zur Organisation des politischen Systems Morrissey 2020, 59–70

12 Travaini 2009

13 Ibn Hauqal 1964, 197

14 Natella 2014, 101–133

15 Camera 1999, II, 200

16 Morrissey 2020, 107–110

17 Sinno 1987, 88f.

18 Zu den Handelswegen und -gütern vgl. Gargano 2014, 57–78

19 Zu Topographie und Geschichte vgl. Bieberstein/Bloedhorn 1994, 172ff. und 262ff.

20 Tobler 1874, 159

21 Zur Krankenversorgung dort vgl. Watt 1988, 42f.

22 Vgl. Cardini: L'ordine gerosolomitano e la figura di Fra Gerardo Sasso, in: *Scala nel Medioevo* 1996, 85–90

23 Scamardella: Il limone, storia e transformazione, in: Serrao/Lacerenza 2000, 262

24 Zur archäologischen Rekonstruktion der Villa und des Gartens vgl. Peduto: *Un giardino-palazzo islamico del secolo XIII: L'artificio di Villa Rufolo a Ravello,* in: APOLLO XII (1996) 57–71. Zur Badeanlage Peduto 1999. Auch in Gebäuden in Scala und Amalfi (Supportico Rua 2) gibt es Reste solcher Bäder.

25 Peduto: Ceramica medievale d'importazione nella Costiera Amalfitana, in: *Rassegna del CCSA* 53 (2017), 9–35 (Ravello, Jonas-Mosaik im Dom; San Giovanni del Toro), sowie Giovino: Messaggi dalla Dar al-Islam. Cenni sulle iscrizioni delle ceramiche d'importazione rinvenute a Ravello, ebd., 37–56 (islamische Inschriften)

26 Burns 1996

27 Stürner 1996, 253f. (= I, 80, *De instrumentis conficiendis*)

28 Imperato 1984, 32 (»*habeo resimi* [!] *tres di charta*«)

29 Das Denkmal stammt von dem Bildhauer Alfonso Balzico (Cava de' Tirreni 1825 – Rom 1901), wurde auf der Weltausstellung 1900 in Paris prämiert und 1926 zunächst auf der Piazza Duomo aufgestellt.

30 Gargano: La nobiltà aristocratica amalfitana al tempo della Repubblica indipendente (839–1131), in: *Rassegna del CCSA* XV (2006) 77ff., 88ff.; Morrissey 2020, 184f.

31 Dazu Watt 1988, 37–48

32 Sinno 1987, XXXII–XLII; Pasca 1988, 18–20

33 *Tabula*, 1965, 47, 51, 115, 109f. (Art. 10, 14, 52, 49)

34 Die idealtypische Vision einer konsequenten zentralistischen Exekution der Regeln bei Gargano 2014, 30–33; zum Quellenproblem dort 27ff. Eine Handschrift der *Tabula* ist heute im kommunalen Museum in den Arsenalen von Amalfi zu sehen.

35 *Decamerone* II, 4

36 Vgl. dazu Galdi 2009

37 Bergman 1995, 41–48

38 Minuta, Chiesa dell'Annunziata. Zum heiligen Nikolaus als interkulturellen Vermittler zwischen Ost und West vgl. Hauschild 2012, 131–142

39 Sabino 2001, 32f. u. 48–51

40 Santa Maria a Mare (Maiori), Sant'Andrea (Amalfi), Madonna di Positano

41 Sabino 2001, 39–41; Lipinsky 1989, 154f.

42 Kalby: Culto e iconografia di S. Pantaleone, in: *Atti* 1987, 165–174
43 Zu den Einzelheiten und zur kirchenpolitischen Bedeutung vgl. Maleczek 1988, 214–221
44 Ein Gemälde an der Innenseite der Eingangsfront des Doms zeigt das Wunder.
45 Maleczek 1988, 300. Die kleine Kirche des Hospitals der »Hl. Maria vor den Mauern« ist noch heute erhalten (»Madonna dell'Ospedale«).
46 Auf seinen Besuch wird auch die Gründung der Franziskanerkonvente in Amalfi und Ravello zurückgeführt.
47 Megiser 1605, 81; ähnlich *Topographia Italiae*, 1688, 2; vgl. Richter 1989, 5–8
48 *Gerusalemme Conquistata* II, 82

Papiermühlen, Maccheroni-Fabriken und die Kultur der Zitronen. Im Glanz der Manufakturen

1 Wolfenbüttel, HAB, Cod. Guelf. 67.6 Extrav, Bd. VI, fol. 524. Gadenstedt rezipiert Passagen aus Megiser 1605, 80; zu seiner Reise vgl. Merzbacher 2004
2 Vgl. Richter 1985, 14–19, 117–120
3 Figliuolo 1990, 263f. (aus: *Descriptio totius Italiae*, um 1474)
4 Masuccio 1940, 52 (= I,5)
5 Gauttier d'Arc 1829, 269; dazu Richter 1989, 67–69
6 Zur Problematik des »Niedergangs« vgl. Morrissey 2020, 195–219
7 Abulafia 1993, 11
8 Ebd., 15. Nach der christlichen Wendung der legendären Geschichte hätten sich die Steine allerdings in Brote verwandelt.
9 Ebd., 17
10 Gargano 1992. Dagegen Bergman 1979; Abulafia 1993, 8f.
11 Abulafia 1993, 11–13; Fiorilla: Amalfitani e Amalfitanie nella Sicilia Iblea, in: *Rassegna del CCSA* 59/60 (2020), 47–68
12 Travaini 2009, 112. Die Münzpräge wurde erst 1222 geschlossen.
13 *Scala nel medioevo*, 1996, 23–26
14 Dazu Fiengo/Russo: Il Chiostro del Paradiso, in: APOLLO XII (1996), 105–123
15 Assante 1967, 27, 33; ferner: dies. 1994, 195–220; Gambardella/ Torre: La carta e la Costa di Amalfi. Origine, diffusione, tecniche e strutture, in: CCSA 2004, 103–144
16 Zur Arbeit der Frauen vgl. Di Lieto 2022, 18 u. 99
17 Förster 1831, II, 345 u. 376
18 Starke 1828, 356
19 Gegenüberstellung in Richter 1989, 94f. (inzwischen baulich verändert)
20 An die Geschichte und die Technik der Papierherstellung erinnert in Amalfi das *Museo della carta*, entstanden durch die Initiative eines der letzten Papiermüller, Don Nicola Milano.
21 Berlin, Alte Nationalgalerie, Ident. Nr. A I 319/7
22 Zum Eisenhammer vgl. CCSA 2004, 21f.; Assante 1994, 239–251
23 Montanari 2020, 65–69
24 Blessington 1839, II, 184
25 So bereits 1632 aus Minori, vgl. Bouchard 1977, 431
26 Zur Pastaproduktion vgl. CCSA 2004, 16 u. 65–75; Assante 1988, I, 247–253
27 Giuliano 2001, 43ff.
28 Ferrari 1646, 203
29 Giuliano 2001, 51–58, Abb. S. 52
30 Für Auskünfte zur aktuellen Situation danke ich Chiara Gambardella vom Consorzio di Tutela Limone Costa d'Amalfi I.G.P. – Der Einzugsbereich des Konsortiums umfasst etwa die Hälfte der einschlägigen Anbauflächen an der Costiera.
31 Im Jahr 2021 hat allein Deutschland 215.730 Tonnen Zitronen importiert, davon 172.590 aus Spanien (www.statista.com [17.12.2022]).
32 Sie muss nach traditionellen Methoden und in einer der dreizehn Kommunen der Costiera angebaut worden sein.
33 Zur Geschichte des Limoncello vgl. Richter 2021, 92–95
34 Der »Liquore di Limone della Costa d'Amalfi I.G.P.« muss aus den kalt mazerierten Schalen von Amalfi-Zitronen gewonnen sein und mindestens 25 Prozent Alkohol enthalten; abgefüllt werden darf er auch außerhalb der Costiera (Ministero delle Politiche Agricole Alimentari e Forestali, Decreto 8 giugno 2016, ›Gazzetta Ufficiale‹, 16.6.2016).

Buchten und Grotten, Mühltal und Meer. Die Entdeckung der romantischen Landschaft

1 Creuzé de Lesser 1806, 96

2 Musik von Joseph Weigl, Libretto Giovanni Bertati, Uraufführung Wien 1794. Vgl. Goethe, *Weimarer Ausgabe*, IV. Abtheilung, 12. Bd., 166 u. 422

3 Hackerts Sepiazeichnung *À Vietri près de Salerne* (Hamburger Kunsthalle, inv. 23355d) ist am östlichen Eingang der Costiera entstanden.

4 Swinburne 1787, II, 182; vgl. Richter 1988. Swinburnes *Travels* erschienen bereits 1785 in deutscher Übersetzung (von Johann Reinhold Forster) und 1785/87 auf Französisch.

5 Hagen 1819, 216

6 Platen 1900, 843

7 Starke 1828, 356

8 Hoby 1902, 53–55; vgl. Richter: Amalfi nel Cinquecento vista da due viaggiatori del tempo, in: *Rassegna del* CCSA VI/12 (1986), 105–113

9 Bouchard 1977, 429

10 De Sade 1995, 267f.

11 Zu Geschichte und Funktion der Türme vgl. Russo 2002

12 Schuster 1990, 160

13 Koch 2006, 271f.; Waiblinger 1988, IV, 471f.; Carus 1835, 200f.

14 Ausführlichere Beschreibungen bei Keppel Craven 1821, 377–379; Blessington 1839, II, 182f.; Gauttier d'Arc 1829, 262–266; Stahr 1863, 423f.

15 Starke 1828, 355. Waiblinger und Carus haben den Weg in umgekehrter Richtung gemacht, ferner Keppel Craven (1821), James Fenimore Cooper (1829) oder August von Goethe (1830).

16 Starke 1828, 355

17 Vgl. Richter 2009, 37–40

18 Blessington 1839, II, 185f.; Mary Shelley benutzt 1843 den Tragstuhl für die Tour nach Ravello, auf dem Retourweg rückwärts sitzend, um nicht in die »fürchterliche Tiefe schauen zu müssen« (*Rambles*, 1844, II, 293.) »Reisende Damen in Tragstühlen« erwähnt auch Andersen (1980, 205).

19 Starke 1828, 356. – Ausnahmen unter den deutschen Künstlern sind August von Platen 1827 und Carl Blechen 1829 (jeweils eine Woche). Von einem französischen Maler, der seit einem Jahr im »Cappuccini« wohne, berichtet Friedrich Förster (1831, 359).

20 Berndt 2017, 45f.

21 *Pompeii, Amalfi, Sorrento and Herculaneum Sketchbook*, Turner Bequest CLXXXV, Nrn. 45a–58a. Die Bleistiftzeichnungen des Skizzenbuchs zeigen, dass Turner zur See von Salerno aus (Nr. 47a) die Küste entlangfuhr, dabei verschiedene Ansichten festhielt, dann in Amalfi (Nrn. 46, 54) an Land und von dort sowohl nach Atrani (Nr. 55a) wie auch an der Küste entlang nach Westen (Nrn. 54a, 55) ging. Vgl. Richter 1989, 81–88

22 »*Edward Lear, James Uwins. Pittori inglesi contentissimi. 3 weeks. 18 July 1838*« (Gästebuch Hotel »Cappuccini«, Amalfi). Erneute Aufenthalte ebendort 30. Juni 1843 und 5.–17. Juni 1844

23 Platen 1895, I, 241–243 (*Amalfi*); Rogers 1828; Waiblinger 1980, I, 400 (*Amalfi*)

24 Cooper 1838, 172, und *The Wing-and-wing* 1842; Andersen 1980, 205f., und *Der Improvisator* 1835

25 Gervinus 1893, 249f.; Haufe 1965, 262; Boisserée 1983, 425f.

26 Morse 1914, 364–367. Dazu Richter: Samuel Morse ad Amalfi e un tetro avvenimento notturno nell´albergo Cappuccini, in: *Rassegna del* CCSA N.S. 38 (2009), 257–262

27 Andersen 1980, 205

28 Johann Heinrich Schilbach, *Bey Amalfi*, 1825 (Darmstadt, Hessisches Landesmuseum, Grafische Sammlung, HZ 1325); Leo von Klenze, *Weg auf Conga* [= Conca], 1830 (München, SGS, inv. 27650); Rudolf von Alt, *Amalfi*, 1835 (Privatbesitz); Silvester Schtschedrin, *Amalfi*, 1828 (Moskau, Tretjakow-Galerie)

29 Christoph Rist, *Casa Theresia bei Amalfi* 1825 (München, SGS, inv. 24788); Ernst Fries, *Küste bei Amalfi*, um 1828 (Karlsruhe, Staatliche Kunsthalle, inv. 603); Johann Nepomuk Ott, *Amalfy*, 1833 (München, SGS, inv. 26395); Louis Gurlitt, *Amalfi*, um 1840 (Richter 1989, 109); Karl Lindemann-Frommel, *Casa di Feresa* [!] *Amalfi* (in: *Skizzen und Bilder aus Neapel und der Umgebung*, 1851, Nr. 21)

30 Achille Vianelli, *Felsenküste bei Amalfi*, 1842 (Bremen SDR)

31 Johann Heinrich Schilbach, *Convento San Francesco d'Amalfi*, 1825 (Darmstadt, Hessisches Landesmuseum, inv. 14535); Ludwig Richter, *Amalfi*, 1825 (Dresden, Kupferstichkabinett, C1908–1018)

32 Die Grotte wurde durch einen Bergrutsch am 22.12.1899 zerstört, zwei Heiligenstatuen daraus wurden in den 1980er Jahren aus dem Meer geborgen.

33 Johann Joachim Faber, *Amalfi da St. Francesco* 1823 (Hamburg, Kupferstichkabinett, inv. 23299); Franz Ludwig Catel, *Grotte des Kapuzinerkonvents* (Rom, Pio Istituto Catel, inv. 71); Carl Wilhelm Götzloff, *Grotte bei Amalfi*, um 1835 (Dresden, Gemäldegalerie, inv. 2990)

34 Apuzzo 2021, 137–145

35 Abraham Louis Ducros, *Veduta interna della Grotta dell'Annunzuiata in Maiori*, Zeichnung 1804 (Neapel, Società Storia Patria); Franz Ludwig Catel, *Grotta vicino a Majuri*, Zeichnung 1812 (Paris, Nationalbibliothek, Nachlass Millin); Carl Wagner, *Grotte bei Amalfi* (Berlin, Kupferstichkabinett)

36 Menzel 1835, 126f.; Stahr 1863, 430f.; Gästebuch Hotel »Luna«, 12.2.1858 (in: Richter 1989, 133)

37 Waiblinger 1980, I, 400; Erstdruck im *Taschenbuch aus Italien und Griechenland*, 1830

38 Hehn 1924, 53

39 »Vaterländische Erinnerungen« überkommen hier den Sachsen Gustav Klemm (1839, 307), »Heimathsgefühl« und »Mühlenromantik« den Schlesier Titus Ullrich (1893, 111).

40 Koch 2006, 272. Zur künstlerischen Darstellung des Mühltals in dieser Zeit umfassend Berndt 2017, 46ff.

41 Schulenburg 2009

42 Leipzig, Museum der bildenden Künste, inv. 1257 (*Unteres Mühltal mit der Cartiera Amatruda*) und Berlin, Staatliche Museen, Alte Nationalgalerie, NG 499 (*Oberes Mühltal mit dem Eisenhammer*)

43 Leipzig, Museum der bildenden Künste, inv. 200

44 Klemm 1839, 307; Hensel 2002, 165

45 Waiblinger 1988, IV, 473 (»Ausflug von Neapel nach Pestum«)

46 Hamburg, Kunsthalle, inv. 1075; ferner 1817 Samuel Birmann (Skizzenbuch Basel, Kupferstichkabinett, Bi 317), 1830 Leo von Klenze (München, SGS, inv. 27653) und William Turner 1819 (*Sketch Book*, Turner Bequest CLXXXV, Nr. 55a)

47 »*Giacinto Gigante, 11.9.1837*« (Gästebuch Hotel »Cappuccini«); »*Achille Vianelli, Ercole Gigante, Teodoro Witting, 20.–29.9.1837*«; »*Ercole Gigante, Achille Vianelli* 22.7.1838«; »*Teodoro Witting, Achille Vianelli 29.6.1839*«; »*Giacinto Gigante, Achille Vianelli, 20.9.1839*« (ebd.)

48 Zahlreiche Beispiele in den Museen Correale di Terranova (Sorrent), Capodimonte (Neapel) und Arte Moderna (Rom)

49 Stahr 1863, 429. – Das ehemalige Kloster wurde im Zuge der bourbonischen Restauration 1840 nochmals den Mönchen übergeben, ein Hotel gleichen Namens an der Marina eröffnet. 1866 erneut säkularisiert, wurde es zunächst Sitz einer nautischen Schule, ab 1882 von der Familie Vozzi wieder als Hotel betrieben (Milano 1885). 2002 wurde es geschlossen, das Gebäude 2010 in der Pacht einer internationalen Kette neu eröffnet.

50 Platen 1895, 241–243; Longfellow 1903, 91–93

51 Brief an die Familie in: Mendelssohn 1982, 144f. Aufenthalt 26./27.6.1840. Ausführlichere zeitgenössische Beschreibungen vgl. Hehn 1924, 30–36; Förster 1831, 337–353

52 Zum Gästebuch vgl. Förster 1831, 342; Menzel 1835, 126; Rochau 1852, 164

53 Shelley 1844, II, 285. »Der schönste Gasthof der Welt« ist das Hotel noch für Gerhart Hauptmann 1897 (1976, 108). Zu den späteren Gästen zählten u.a. Victor Hehn (7.11.1839), Victor von Scheffel und Paul Heyse (2.5.1853), Edmond und Jules Goncourt (23.4.1856), Ernst Haeckel und Hermann Allmers (23.–26.7.1859), Friedrich Spielhagen (1878), Heinrich von Treitschke (1879) sowie Cosima und Richard Wagner (25.–27.5.1880).

54 Ahlborn 1935, 66

55 Tocqueville 2003, 342

56 Aufenthalt von Anfang Juli bis Mitte September 1879. Am Ende des 2. Akts tanzt Nora eine (Solo-)Tarantella.

57 Brief an Carmela Barbaro, Oslo, 16.7.1894 (Archiv Hotel »Luna«)

58 Weitere Gäste im »Luna« waren u.a. Karl Lindemann-Frommel (18.9.1871),

Ferdinand Gregorovius (30.5.1874), Georg Dehio (4.4.1883), Ellen Key (16./17.3.1905) und Walter Benjamin (1924).
59 Richter 1985, 66–73; zu Mignon vgl. Förster 1831, 353–356
60 Müller 1994, 17 (*Die glückliche Fischerin*); Förster 1831, 361f. (*Die Müllerin und der Mühlbach*)
61 Gauttier d'Arc 1829, 263 (»Aquila che d'argiento puorte l'ale…«)
62 Kopisch 1838, 14 (»Quanno vaco a lu lietto ppe dormire…«) u. 18 (»Bella figliola, che cuogli sti sciuri…«); dazu Richter: Due canti popolari raccolti ad Amalfi nel 1826/28, in: *Rassegna del CCSA* 5 (1983), 167–171
63 Keppel Craven 1821, 381; Gauttier d'Arc 1829, 267f.; Blessington 1839, II, 184
64 Cooper 1838, 171
65 »Landsmann! Willst Du Dir hier einen Mordsspaß machen, so gib den unten versammelten andächtigen Lazzaroni's einige Grane [= Pfennige], wirf sie ins Wasser und die Kerle plumpsen alle dem Mammon nach. Amalfi 8. Mai 1852. Un tedesco.« (Gästebuch Hotel »Cappuccini«). Zur Praxis auch Blessington 1839, II, 184
66 Vischer 1907, 133f.
67 Shelley 1844, II, 280ff.; Hensel 2002, 164; Ullrich 1893, 106. »Aus Abbildungen bekannt« ist Gustav Klemm 1839 auch bereits die »Cappuccini«-Grotte (1839, 308).
68 Carus 1835, 202; Willkomm 1847, 332f.
69 Camera 1994, 52

Reiz des Moresken. Die hängenden Gärten von Ravello

1 *Topographia Italiae*, 1688, 2
2 Assante 1994, 269–277
3 Richter: I disegni »ravellesi« di Carl Blechen, in: APOLLO XV (1999), 99–104; ders.: Carl Blechen sulle montagne della Penisola Sorrentina, in: APOLLO XVI (2000), 115–126. Zum *Amalfi-Skizzenbuch* (und den im Folgenden zitierten Blattnummern) vgl. Schulenburg 2009. Die zusätzlich im Werkverzeichnis von Rave dokumentierten Blätter übergehe ich hier.
4 Es ist der einzige der in seinem kurzen Reisebericht erwähnten Orte (vgl. Hennig 2009, 32).
5 Reproduktion bei Schulenburg 2009, 203 (Nr. 63)
6 Förster 1831, 374f. Zu diesem letzten Bewohner des alten Palazzo Rufolo, dem magische Künste nachgesagt wurden, vgl. Allen 1909, 55–57
7 Boisserée 1983, 426
8 Shelley 1844, II, 292
9 Abbildungen in: CCSA 2017, 66 u. 87 (9. und 10.6.1844)
10 Vischer 1907, 136f.
11 Vgl. Sievernich/Budde 1989, 368–382
12 Gregorovius 1872, 75
13 Sein Weg von Atrani über Castiglione lässt sich in seinem Skizzenbuch Nr. 8, fol. 39–41 und 43–44 (München, BSB) rekonstruieren. Er erreicht Ravello beim Klarissenkloster (heute via Santa Barbara) und steigt nach einem Besuch der Villa Cimbrone ins Zentrum ab.
14 Gregorovius 1872, 84
15 Skizzenbuch Nr. 8, fol. 41r
16 Gregorovius 1872, 85
17 ›Allgemeine Zeitung‹, Beilage zu Nr. 40, 9.2.1855, 633–634, und Nr. 41, 10.2.1855, 650–651
18 Dokumente in Richter/Romito 1999, 44–50
19 Schack 1889, 332f.; Kaden 1894, 119
20 Kavanagh 1858, I, 191
21 Brief an Emma von Treitschke, 3.10.1879, in: Haufe 1965, 451
22 Brief an Otto Grautoff, Neapel, 8.11.1896 in: T. Mann 1975, 80
23 Brief an Alban Berg, 15.10.1925, in: Adorno/Berg 1997, 33
24 Bereits Leo von Klenze hat in seinem Gemälde *Der Domplatz von Amalfi* von 1859 (Niedersächsisches Landesmuseum Hannover) seine Phantasieansicht einer »schöneren« Domfassade dargestellt, samt dem Architekten, der sie dem Bischof präsentiert. Zugrunde liegt eine Zeichnung vom 17.5.1855 (München, SGS, inv. 27814). Zur tatsächlichen Ansicht vgl. die Photographie von Paul Jeuffrain von 1852 (in Apicella 2006, 107)
25 Zum Folgenden Richter/Romito 1999, 23–30

26 Die Ausgrabung einer im 19. Jahrhundert als Mülldeponie dienenden Zisterne 1997 brachte Hinterlassenschaften zahlreicher luxuriöser Konsumgüter unter anderem aus Frankreich und England zutage. Dazu ebd., 55–88. Die Familie Reid lebte international vernetzt auf großem Fuß. Sie besaß außerdem die Villa Carusiello an der Küste und in Neapel eine Villa auf dem Posillipo.

27 Luigi Cicalese (Ravello 1852 – ebd. 1932) lebte mit seiner Familie ebenfalls in der Villa. Er wurde, gefördert durch Reid, der erste Ravelleser Photograph und Verleger von Bildpostkarten. Briefe von Reid an Cicalese (Zeitraum 1885–1891) in Bremen, SDR

28 Vgl. Tagliolini, Il sogno mediterraneo di uno scozzese, in: 1990, 145–159

29 Eine zeitgenössische Beschreibung bei Camera 1881, II, 376–378. Von Reids botanischen Aktivitäten zeugen bis heute die großen Schirmpinien sowie ein alter Ginkgo- und ein Pfefferbaum; seine Dattelpalmen sind in den 1990er Jahren eingegangen.

30 Der am 8.1.1863 mit der Kommune geschlossene Vertrag sah vor, dass nur der Ablauf des Wassers aus dem Brunnen (er befindet sich gegenüber dem Eingang der Villa) in Reids Grundstück fließen solle. Reid finanzierte zudem einen Kustoden für die gesamte Wasserversorgung des Orts (Salerno, Archivio Notarile, notaio Giuseppe Mansi, Ravello).

31 Ravello AC, fol. 158, Delibera del 4.10.1882 (Kofinanzierung des Ausbaus der via Gradillo); fol. 132–133, Delibera del 1.8.1880 (Delegato del Consorzio); Kopien in Bremen, SDR

32 Ravello AC, fol. 50, Delibera del 20.10.1872; Kopie SDR

33 Camera 1876, I, 377; Bracco 1977, Nrn. 38–41; Richter/Romito 1999, 27. – [Allen:] Ravello, Napoli (Prass) 1897; London (Murray) 1909 (»based upon notes left by the late Mr. Francis Nevile Reid«, p. V)

34 Der erste Besucher, von dem wir wissen, war Ferdinand Gregorovius, der am 21. Juli 1853 dort wohl auch übernachtet hat. (»*Abend auf der Villa des Engländers* […] *Vor 18 Monaten ist der Pallast ausgegraben. Franz Newel Reed gehört die Villa*« [München, BSB, Skizzenbuch Nr. 8, fol. 43])

35 Großformatige Zeichnung (50,5x34 cm) bez. *Hof im Pallaste Afflitto zu Ravello. 15. Mai 55.* (München, SGS, inv. 27813). 1861 entsteht daraus ein Ölgemälde (München, Sammlung Schack, inv. 11474). Mit dem offenen Durchgang im Erdgeschoss versucht Klenze die Wiederherstellung einer älteren baulichen Situation.

36 Allen 1909, 52. – Durch ein Erdbeben von 1713 war der Cortile zudem in großen Teilen zerstört und durch massive Stützmauern erneuert worden.

37 Kavanagh 1858, I, 202

38 Zum Folgenden ausführlich Richter 2005

39 Zu Peppino vgl. Scholz 2006, 342f.

40 C. Wagner 1977, 537

41 Sie war bis zum Verkauf des Hotels »Palumbo« in der Halle des Palazzo Confalone zu bewundern.

42 Das Gästebuch ist nicht erhalten. Das Autograph wurde verschiedentlich auf Ansichtskarten reproduziert. Hier zitiert nach einer Ansichtskarte vom 29.5.1935 (SDR). Cosima Wagner erinnert die Eintragung etwas anders: »R. schrieb im Buche in Ravello: Habe den 2ten Akt von Pars[ifal] gefunden« (1977, 537)

43 R. Wagner, Dichtungen, 306

44 R. Wagner, Dichtungen, 302

45 Brief an König Ludwig II., Neapel, 31.5.1880

46 Die Zeichnungen Joukowskys sind verschollen, ein Ölgemälde Brückners »Klingsors Zaubergarten« befindet sich im Richard Wagner-Museum in Bayreuth, das Modell des Bühnenbildes in der Theaterwissenschaftlichen Sammlung der Universität Köln.

47 »13–14 Aprile [1884] *Edvard Grieg […] Bergen Norvegia*« (Ravello, Hotel »Toro«, Ausriss aus einem Gästebuch)

48 Loerke 1960, 140–142

49 Hoffmann 1966, 190f.

50 Norway 1924, 324

51 »*Palazzo Ruffolo – Klingsors Zaubergarten!/ Ein dürftig Abbild Eurer Schöne/ Hab oft ich in Bayreuth erschaut,/ Nun, da ich Euch gesehn in lebensvollem Glanze/ Hat auch dem Aug die Wahrheit sich erschlossen,/ Die bisher nur dem Ohr vertraut/ Durch den Gesang der Blumenmädchen […] Ravello, 31. Oktober 1892.*« (Gästebuch Hotel »Palumbo«)

52 Das Festival wird von der 2002 gegründeten »Fondazione Ravello« organisiert. Veranstaltungsorte waren und sind vor allem die Gärten der Villa Rufolo. Außerordentliche Performances, etwa bei Nacht oder vor Sonnenaufgang, sollten die Verbindung mit dem Erlebnis der Landschaft unterstreichen.

53 Das Hotel, zunächst im Palazzo Episcopio beheimatet, übersiedelte 1928 in den Palazzo Sasso und 1978 in den Palazzo Confalone.

54 1869 von »unbekannten Eltern« in Salerno geboren, firmiert er zum Zeitpunkt seiner Heirat mit Emilia Cicalese (4.8.1900) bereits als »albergatore« (Ravello, AC, Anagrafe). Die Hochzeit fand nach protestantischem Ritus in Neapel statt.

55 Carusos Auftragsbücher »Commissioni di vini 1909–1912« und »Clienti Vini e Ordinazioni 1910–1915« verzeichnen u.a. Exporte nach Frankreich, Deutschland und in die USA (Ravello, Archiv Caruso). Palumbos »Episcopio« wurde national prämiert.

56 Eintragungen Eschers im Gästebuch des Hotels am 26.6.1923 (»een paar maanden«), am 1.9.1925 (»ditmaal naa 6 maanden«) und am 15.5.1934 (zusammen mit Giulia Escher)

57 *L'immoraliste*, Kap. 6. Gide besuchte 1896 Ravello.

58 d'Adelswärd-Fersen 1909, 187–190

59 H. Mann 2002, 691–724. Zu Manns Ravello-Aufenthalt 1901 vgl. Mann 1980, 383f.

60 Forster 1927, 1–29

61 Zu Beckett und der Villa Cimbrone vgl. Holroyd 2010, 64–68 u. 242f.

62 Frei nach *Oden* III, 19, 21f. (»Sparge rosas, parcentes dexteras odi«)

63 Fitzgerald 1955, Nr. 74

64 *Eva nach dem Sündenfall* von Scipione Tadolini (Rom 1822–1892), Modell Palazzo Braschi. Die Figur des Satyr mit dem Bacchusknaben im Rundtempel ist eine Kopie aus dem Archäologischen Nationalmuseum Neapel, die Verse zitieren Catull, *Carmina* 31, 8–9

65 Frank 1928, 28

66 Leaska 1989, 56 (Mai 1913); Holroyd 1968, II, 84–86 (30.3.–6.4.1913)

67 Brett 2006, 288–296 u. Epilogue II–V; Lawrence 1989, 402–408 (11.–20.3.1926) und 652–657 (März 1927)

68 Die Villa ist bis heute in privater Hand, sie wurde in den 1960er Jahren von der Ravelleser Familie Vuilleumier erworben. Vgl. dazu Holroyd 2010, 109–121

69 »*Lost to a world in which I crave no part…*« Stewart 2012, 272–285

70 Vidal 2006

71 Vidal 1995, 156

Die Positano-Utopie. Die Costiera als Künstlertraum und Exil

1 Craemer 1965, 151

2 Camera 1881, II, 583–585

3 Tullio 1988

4 1815 lag die Einwohnerzahl bei 3340, 1875 bei 2640 (Tullio ebd., 575).

5 Baedeker 1880, 174

6 Fresolone 2012, 192f. Die Bevölkerungszahl lag 1901 bei 1839 Einwohnern.

7 Crawford: Coasting by Sorrento and Amalfi, in: ›The Century Magazine‹ 26 (1894), 332. – Zur Situation vgl. auch Camera 1881, II, 604f., sowie Natella 2008, 150–154

8 Baedeker 1895, 148

9 Gurlitt 1912, 168f.

10 Vespoli 1971, 254

11 Hauptmann 1976, 107–109; Klee 1957, 109

12 »Roma«, »Margherita« und »Germania« (nach Natella 2008, 164)

13 Talamo 1890, 98; Natella 2008, 154 (Dokument vom 27.10.1896)

14 www.gusto-graeser.info/Diefenbach/testament (8.6.2023)

15 Theodor Trede an das Kirchliche Außenamt, Berlin: Bericht über das Jahr 1899 (EZA 5/1473)

16 Dazu Richter 2018, 95–113

17 Brief an Carl Albrecht Bernoulli, Bern, 27.8.1927, in: *Die Annalen* 1 (1927), 953. – Zu Clavels »Turm«-Projekt vgl. Szeemann 1991, 264–289; Cepl/Cepl-Kaufmann 2021, 129–134. Zu Clavels 1990 in Positano aufgefundenem Tagebuch

vgl. Knight: Due inediti di Gilbert Clavel, in: *Rendiconti dell'Accademia di Archeologia, Lettere e Belle Arti* LXXV (2008–2011), 521–575

18 Semenov 2011, 155

19 Hatzfeld 1925

20 Kracauer 2011, 296

21 Benjamin, GS III, 134

22 Vgl. Mittelmeier 2013, 69–73; Richter 2018, 135–138; später 169–177

23 Sohn-Rethel 2008, 39–49; zu Otto Sohn-Rethels Beziehung zu Clavel vgl. Hatzfeld 1925, 39–42

24 Benjamin, GS III, 133. Zu Benjamin und der Costiera außerdem GS IV, 1, 122f. (*Atrani, Marine*) u. 423f. (*Der Verschwiegene*). Zu Bloch und Kantorowicz vgl. Kantorowicz: *Gespenstergeschichten in Positano*, in: »Vossische Zeitung« 1927, Nr. 50 sowie *Der Mantel in Positano*, in: 1968, 21–23

25 Benjamin, GS III, 133. Zu nennen wären noch Bertolt Brecht, Caspar Neher, Bernhard Reich, Melchior Lechter, Karl Wolfskehl (alle 1924).

26 Zur europäischen Kunstgeschichte Positanos vgl. Romito 2011, 33–103, zu einzelnen Künstlern Cepl/Cepl-Kaufmann 2021

27 Hatzfeld 1925, 26

28 Seewald 1977, 186 (Dezember 1923)

29 Fehr: Positano, eine Frühlingsfahrt, in: ›Velhagen u. Klasings Monatshefte‹ 39 (1924/25), Bd. 2, 20 (26.2.1924)

30 D. Andres 2009, 44 u. 95

31 Vespoli 1971, 255. Das Fest der Elektrifizierung beschreibt Meckauer 1959, 38–42

32 Craemer 1965, 150

33 Hoffmann: Architektonisches von der Insel Capri, in: ›Der Architekt‹, Wien 1897, 13

34 Hochstim 1991, Nrn. 3, 18, 42, 43 (Ravello), 48 (Amalfi), 49 (Atrani), 52, 53, 56, 57, 60, 61, 63

35 Mucchi: Perché a Positano? in: ›Domus‹ XIX (1939), Nr. 166, 37–44

36 Romito 1999; *Il museo della ceramica Raito di Vietri*, Katalog Salerno 1994 (Arbeiten u. a. von Richard Dölker, Irene Kowaliska, Margarethe Thewald-Hannasch)

37 Richter, *Lisel Oppel*, 2005, 10–15. Nachlass im Worpsweder Archiv, Stiftung Barkenhoff, verschiedene Arbeiten auch in der Pinacoteca Provinciale, Salerno. Zeugnis Max Melamerson für Elisabeth Oppel, 22.8.1930 bis 1.5.1932 (SDR)

38 Romito 2011, 248–251

39 Doelker 1996; Romito 2004. – Der umfangreiche Dölker-Nachlass wurde 1998 und 2004 von der Provinz Salerno erworben und befindet sich in der dortigen Pinacoteca provinciale.

40 Richter, Salerno 1999

41 *Der Heilige Matthäus in Salerno* (in: ›Neue Zürcher Zeitung‹, 28.12.1933); *Der Blinde von Positano*; *Das Gold von Albori* (NL Emmy Hennings, Schweizerisches Literaturarchiv Bern)

42 Napolitano 2006; Romito 2020.

43 Alamaro 1992, 227

44 PAC, Cart. A/14 »Pubblici esercizi« und »Forestieri a Positano«

45 Kara-Murza et al. 2015, 61–122; Richter 2018, 108–112

46 Zu Michail Semenov (Moskau 1873 – Neapel 1952) vgl. Semenov 2011, 130–154; Kara-Murza et al. 2015, 225–227

47 Iwan Zagoruiko (Ekatarinoslav 1896 – Salerno 1964), seit 1928 in Positano. Teilnahme an der Biennale in Venedig 1936, Ausstellungen unter anderem in Rom (Palazzo delle esposizioni) 1963. Vgl. Kara-Murza et al. 2015, 235–239

48 Wassili Necitajlov (Rostov/Don 1888 – Amalfi 1980), ab 1936 in Positano, in den 1940er Jahren in Ravello, nach dem Krieg in der »Villa Eremitage« in Amalfi. Vgl. Ricciardi/Talalay 2012 – *Der wunderbare Fischzug* (Amalfi, Dom); *Die Ankunft der Madonna von Positano* (Positano, Dom)

49 Vgl. Richter et al. 2005, 46, 48, 52 (Konstantin Gorbatov), 53, 63 (Grigori Oscheroff); Kara-Murza et al. 2015, 125–238

50 Voigt 1989, I, 26–42

51 Richter 2018, 145–149

52 Andres 1957, 10. Zur deutschsprachigen Emigration vgl. Richter et al. 2005, 25–32

53 Richter 2018, 143–145

54 Craemer 1965, 152

55 Karli Sohn-Rethel, der bereits 1920/21 und 1934/35 vorübergehend in Positano lebte, hatte 1941–1959 hier sein Studio an der Marina.

56 Peter Ruta emigrierte 1936 in die USA, kam 1949 erstmals nach Positano, lebte dort von ca. 1953 bis 1963. Vgl. Ruta 2008, und Richter/Esposito 2012

57 Exil in Positano mit Frau und Tochter Juni 1933 bis Dezember 1938, dann Flucht über Frankreich in die Schweiz

58 Zu Maria Hellersberg (Düsseldorf 1888 – Positano 1980) vgl. Mielke 2022, 207–212. Hellersberg veröffentlichte zusammen mit Marianne Weber *Die soziale Not der weiblichen Angestellten* (Berlin 1928)

59 PAC, Cart A/15 (Municipio di Positano, *Elenco dei forestieri che si trovano presenti a Positano alla data del* 31.3.1941)

60 Schreiben von Stefan Andres (Abschrift Dorothee Andres), 12.12.1943. (Schweich, Stefan-Andres Archiv). Die Namen sind auf einer Liste der Empfänger der Unterstützungszahlungen festgehalten (PAC, Cart A/123 und SDR).

61 Voigt 1989, I, 438

62 Meckauer 1959, 66

63 D. Andres 2009, 64

64 Ilse Bruck-Bondy (Osterholz 1897 – Positano 1980) emigrierte aus politischen Gründen 1933, sie ist die Mutter des Malers Michael Theile (Positano 1935 – ebd. 2017). Vgl. Richter et al. 2005, 47; Forcellino 2017, 225–227

65 Die Pension wurde im Januar 1939 durch die Quästur (zwangs-)geschlossen (PAC, Cart. A, fasc. »Pubblici esercizi«). Hellersberg veröffentlichte 1955 *Positano und seine Geschichte* mit Zeichnungen von Gerhard Oberländer.

66 Die Pension wurde 1930 gegründet, angeschlossen war ein Kunstsalon, *Mostra permanente d'arte*; im Mai 1940 erzwungene Schließung (PAC, Cart. A, fasc. »Pubblici esercizi«).

67 Zu Joe Lederer (1938/39 in Positano) vgl. Voigt 1998, I, 427f., und Cepl/Cepl-Kaufmann 2021, 103–107. – Gästebuch »San Matteo«: *Alberto Moravia* (6.6.1936), *Kurt Hielscher* (15./16.8.1937) und Joe Lederer mit einem längeren undatierten Gedicht zum Abschied (Archiv G. Rispoli, Rom und SDR)

68 Castonier 1964, 304 u. 308

69 Andres 1957, 183; Craemer 1965, 201f.

70 Landau 1995, 26

71 Ausgenommen waren Personen, die älter als 65 Jahre oder mit einem italienischen Staatsbürger verheiratet waren.

72 Questura di Napoli, *Elenchi degli stranieri di razza ebraica residenti nella città e provincia di Napoli che hanno lasciato il territorio italiano*, datati 19.3.1939, 27.9.1939, 12.4.1940 (Neapel, ASN, Prefettura II, vers. Busta 960/7). Die zentralen Unterlagen der Quästur für die Provinz Salerno sind bei Kriegsende verlorengegangen.

73 Erich Schalscha (*Kattowitz 1899), 1938/39 in Positano, befreundet mit Meckauer (Gassen, 1959, 61 u. 104)

74 D. Andres 2009, 59f.

75 Richter et al. 2005, 72 (Zagoruiko); D. Andres 2009, 59 u. 105f.; Craemer 1965, 209

76 Vgl. Reiss 2008, 402–429; Richter: Essad Bey und Stefan Andres. Aus der Kolonie der deutschen Emigranten in Positano, in: *Mitteilungen der Stefan-Andres-Gesellschaft* 41 (2020), 131–136

77 Martin Wolff (Leipzig 1888 – Auschwitz 1944); Margarete Wolff, geb. Levy (Hamburg 1883 – Auschwitz 1944). Vgl. Woude 1937, 20–39; Meckauer 1959, 42–49 u. 59–70; Landau 1995, 27. In Stefan Andres' Roman *Der Mann von Asteri* erscheint er in der Figur des Igel.

78 Woude 1937, 24

79 PAC, Cart. A/48, Municipio di Positano, 15.12.1939

80 PAC, Cart. A/50 (Campo di concentramento, partenza da Isernia, 31.12.1941); A/55 und A/91 (Certificati V. Fiorentino, 4.2. u. 20.2.1942); A/65 (Questura al Podestà di Positano: foglio di via per Viterbo, 21.6.1942)

81 Scarino: Gli ebrei della provincia di Salerno, in: *La Rassegna Mensile di Israel* 2018, 155 u. 173–176; Yad Vashem, Schreiben an DR vom 21.2.2001

82 Albert Adler (Aufhausen 1890 – Auschwitz 1944); PAC, A/80 (6.10.1942). Landau 1995, 28

83 Theodora Adler, geb. Markowiecz (Murowana Goslin 1899 – Auschwitz 1944).

Kinder Stefan (München 1924 – Auschwitz 1944), Marion (München 1927 – Auschwitz 1944) und Milton (München 1920 – Jerusalem 1948)

84 Voigt, II, 117f.; www.yairgil.com/markowicz [26.11.2022]

85 Dazu gehören Margarete Seinfeld (*Hamburg, 13.1.1901, zuletzt 10.9.1943 im Lager Ferramonti) und Emanuel Haas (*Czernowitz, 7.10.1884, stirbt am 28.12.1942 im Internierungslager Salerno, vgl. www.bundesarchiv.de/Gedenkbuch)

86 Zu Paula Bärenfänger (Krefeld 1884 – Positano 1953) vgl. Romito 2020, 203–210

87 Lutka Glückmann (Thorn 1865 – Positano 1955), seit 24.10.1942 in Positano, Jüdin (PAC, Cart. B, Nr. 320)

88 Zu Rita Szlumiel (*Zgiarz 1898), verheiratet mit Raffaele Bella aus Positano, vgl. Richter et al. 2005, 66, sowie PAC, Cart. A/80 (»Elenco degli ebrei«, 6.10.1942)

89 Dorothea Flatow (Berlin 1907 – Positano 1991), verheiratet mit Giulio Rispoli. Um wegen ihrer jüdischen Herkunft die Lizenz für ihren Kunstsalon nicht zu verlieren, überschrieb sie ihn im Mai 1939 an ihre »arische« Mutter Emmy (PAC, Cart. A, »Pubblici esercizi«)

90 Forcellino 2017, 170–173, 228–247

91 Wegner: *Grabrede für Lutka Glückmann*, 5, (Marbach, DLA, NL Wegner Nr. 440)

92 Andres 1957, 185

93 PAC, Atti di Morte, 1942/19 (27.8.1942)

94 Yad Vashem, database Shoah Victim's Names: »murdered in the Shoa« (22.10.2019)

Welterbe und Alltag. Die heimische Costiera

1 In den 21 Tagen zwischen dem 18.7. und dem 8.8.2022 registrierten die seit 2021 installierten Sensorkameras den Transit von 1 Million Fahrzeugen zwischen Vietri und Positano, mit Spitzenwerten von 43.000 pro Tag. www.distrettocostadamalfi.it/turismo-e-viabilita [4.8.2023]

2 www.whc.unesco.org

3 In der ersten Juniwoche 2022 wurden in Positano bis zu 15.000 täglich lediglich per Schiff ankommende Besucher gezählt (›La Repubblica‹, 28.7.2023). Allgemeine Besucher-Statistiken aus jüngerer Zeit waren mir nicht verfügbar.

4 www.amalfinotizie.it, 10.2.2021, nach Daten des Censimento ISTAT 2018 und 2019 [4.8.2023]

5 Der Index der Beschäftigten im touristischen Sektor schwankt nach Monaten und weist große Unterschiede zwischen den einzelnen Kommunen auf. Im Mai 2022 (also in der Vorsaison!) entfielen die Spitzenwerte auf Positano (69,6%) und Amalfi (61,9%), die niedrigsten auf Tramonti (33,9%) und Cetara (29,6%). [›Il Vescovado‹, 18.6.2022]. Statistiken dieser Art sind allerdings nur bedingt aussagekräftig – auch Taxifahrer oder Einzelhändler profitieren vom Tourismus.

6 Daten ISTAT im Zeitraum 2001 bis 2022. Eine Ausnahme macht lediglich Tramonti, eine Kommune, die aber bereits zwischen 1951 und 1991 rund 30% ihrer Einwohner verloren hatte. www.tuttitalia.it/statistiche [14.8.2023]

7 Richter, Bremen 1999, 133–136

8 Romito: Cetara, un antico stabilimento per la lavorazione del pesce, in: APOLLO X (1994), 47–59

9 Falcone 1993, 49–51

10 Caldesi/Caldesi 2022; Ferrigno 2023

11 Falcone 1993, 46f.

12 Bouchard 1977, 431; Richter 1989, 35

13 Richter 2022, 207–211

14 Richter, Bremen 1999, 163

15 Verbunden mit dem sportlichen Wettkampf zwischen den Mannschaften von Venedig, Genua, Pisa und Amalfi ist ein Festzug, bei dem die vier Städte mit Szenen aus ihrer jeweiligen Geschichte aufwarten. Amalfi präsentiert sich dabei mit den Würdenträgern der Republik, allen voran dem Dogen, sowie mit der Bedeutung der Stadt für den Orienthandel und der Gründung des Hospitaliterordens.

16 Am 1. September, dem »Byzantinischen Neujahr«, wird seit 2009 eine Amalfi

verbundene Persönlichkeit im Dom von Atrani als *Magister della civiltà amalfitana* »gewählt« und mit dem Herzogsmantel eingekleidet (2018 zum ersten Mal eine Frau). Nach der Investitur in Anwesenheit des Erzbischofs und der lokalen Autoritäten folgt ein *corteo storico* in historischen Gewändern zum Dom von Amalfi.

Ungedruckte Quellen

Amalfi
AC: Archivio Comunale.
CCSA: Centro di Cultura e Storia Amalfitana.
Hotel »Cappuccini«: Gästebücher (1835–1937).
Hotel »Luna«: Gästebücher und Archiv (1841–1923).

Berlin
EZA: Evangelisches Zentralarchiv, Kirchliches Außenamt.

Bremen
SDR: Sammlung Dieter Richter.

Marbach
DLA: Deutsches Literaturarchiv.

München
BSB: Bayerische Staatsbibliothek.
SGS: Staatliche Graphische Sammlung.

Neapel
ASN: Archivio di Stato di Napoli.

Positano
PAC: Archivio Comunale

Ravello
AC: Archivio Comunale.
Hotel »Caruso«: Gästebücher und Archiv (1905–1994)
Hotel »Palumbo«: Gästebücher (1882–1920)
Hotel »Toro«: Gästebücher (1913–1938).

Schweich
Stefan-Andres Archiv

Wolfenbüttel
HAB: Herzog August Bibliothek

Gedruckte Quellen

d'Adelswärd-Fersen, Jacques: *Et le feu s'éteignit sur la mer...*, Paris 1909.
Adlerhold, Germanus: *Umständliche Beschreibung des anjetzo vom Krieg neu bedrohten sonst herrlichen Königreich Neapolis*, Nürnberg 1702.
Adorno, Theodor W./Berg, Alban: *Briefwechsel* 1925–1935, hrsg. v. Henri Lonitz, Frankfurt 1997.
Ahlborn, Wilhelm: *Des Malers Wilhelm Ahlborns Lebensschicksale, von ihm selbst erzählt*, hrsg. v. Ingeborg Magnussen, Vechta 1935.
Allen, E.: *Ravello*. Revised by Charles C. Lacaita, London 1909.
Andersen, Hans Christian: *Aus Andersens Tagebüchern*, hrsg. v. Heinz Barüske, Bd. I, Frankfurt 1980.
Andres, Dorothee: *»Carpe diem!« Mein Leben mit Stefan Andres*, Bonn 2009.
Andres, Stefan: *Positano. Geschichten aus einer Stadt am Meer*, München 1957.
Andres, Stefan: *Terrassen im Licht. Italienische Erzählungen*, hrsg. v. Dieter Richter, Göttingen 2009.
Apronius, Aulus [d.i. Adam Ebert]: *Reise-Beschreibung von Villa Franca der Chur-Brandenburg durch Teutschland [...] bis an Amalfi und Salerno [...]*, Villa Franca [d.i. Frankfurt/Oder] 1723. [Reise 1679/80]
Baedeker, Karl: *Unter-Italien und Sicilien*, Leipzig, 6. Aufl. 1880, 11. Aufl. 1895.

Bandello, Matteo: *Le novelle*, vol. I, Bari 1928.
Benjamin, Walter: *Gesammelte Schriften* (GS), hrsg. v. Rolf Tiedemann u. Hermann Schweppenhäuser, Frankfurt 1991.
Blessington, Marguerite Gardiner Countess of: *The Idler in Italy*, 2 voll., London 1839.
[Boccaccio Giovanni:] *Cento Nouella. Hundert neuwer Historien, die in einem grosen Sterben zu Florentz gesagt wurden*, Straßburg 1519 [= *Decamerone*, dt.].
Boisserée, Sulpiz: *Tagebücher*, Bd. III: 1835–1843, Darmstadt 1983.
Bouchard, Jean-Jacques: *Voyage dans le royaume de Naples*, ed. Emanuele Kanceff, Turin 1977. [Reise 1632]
Brett, Dorothy: *Lawrence and Brett. A Friendship*, Santa Fe 2006 [EA 1933].
Carus, Carl Gustav: *Reise durch Deutschland, Italien und die Schweitz*, im Jahr 1828, Bd. I, Leipzig 1835.
Castonier, Elisabeth: *Stürmisch bis heiter. Memoiren einer Außenseiterin*, München 1964.
Cooper, James Fenimore: *Excursions in Italy*, Paris 1838.
Craemer, Kurt: *Mein Panoptikum*, hrsg. v. Rudolf Hagelstange, Hamburg 1965.
Crawford, Francis Marion: *With the Immortals*, Leipzig 1888.
Creuzé de Lesser, Auguste: *Voyage en Italie et en Sicile, fait en 1801 et 1802*, Paris 1806.
De Sade, Donatien Alphonse: *Voyage d'Italie*, ed. Maurice Lever, Paris 1995.
Dumas, Alexander: *Die Garibaldiner*, Zürich 1861 (= *Les Garibaldiens*, Paris 1861, dt.).
Ferrari, Giovanni Battista: *Hesperides sive de malorum aureorum cultura et usu*, Rom 1646.
Figliuolo, Bruno: »Una inedita descrizione quattrocentesca di Amalfi«. In: *Rassegna Storica Salernitana* 13 (1990), S. 259–264.
Fitzgerald, Edward (Hrsg): *Rubáiyát of Omar Khayyám*. The first version, London 1955 [EA 1859].
Forster, Edward Morgan: »The Story of a Panic«. In: *Collected Short Stories*, London 1947, S. 1–29.
Förster, Ernst: *Handbuch für Reisende in Italien*, 4. Aufl., München 1848.
Förster, Friedrich Christoph: *Briefe eines Lebenden*, hrsg. v. F. F., Bd. II, Berlin 1831.
Frank, Bruno: *Politische Novelle*, Berlin 1928.
Führich, Joseph von: *Briefe aus Italien an seine Eltern (*1827–1829*)*, Freiburg 1883.
Gauttier d'Arc, Edouard: *Voyage de Naples à Amalfi, extrait d'un voyage inédit en Italie pendant les années* 1824–1827, Paris 1829. [Reise 1825]
Gervinus, Georg Gottfried: *Leben, von ihm selbst*, Leipzig 1893.
Goethe, Johann Wolfgang: *Italienische Reise*, hrsg. v. Andreas Beyer und Norbert Miller, München 2006, in: *Sämtliche Werke*, Münchner Ausgabe (MA), Bd.15.
Gregorovius, Ferdinand: *Siciliana. Wanderungen in Neapel und Sicilien*, 3. Aufl., Leipzig 1872.
Gurlitt, Louis: *Ein Künstlerleben des* 19. *Jahrhunderts*, dargestellt von seinem Sohn Ludwig Gurlitt, Berlin 1912.
Hagen, Friedrich Heinrich von der: *Briefe in die Heimat aus Deutschland, der Schweiz und Italien*, Bd. III, Breslau 1819.
Hatzfeld, Adolf von: *Positano*, Freiburg 1925.
Haufe, Eberhard (Hrsg.): *Deutsche Briefe aus Italien*, Hamburg 1965.
Hauptmann, Gerhart: *Italienische Reise* 1897, *Tagebuchaufzeichnungen*, hrsg. v. Martin Machatzke, Frankfurt a.M./Berlin/Wien 1976.
Hehn, Victor: *Italienische Reise*, München [1924].
Hensel, Fanny: *Tagebücher*, hrsg. v. Hans-Günter Klein und Rudolf Elvers, Wiesbaden/Leipzig/Paris 2002.
Herling, Gustaw: *Das venezianische Porträt. Erzählungen*, München/Wien 1996.
Hoby, Thomas: *The Travels and Life of Sir Thomas Hoby, written by himself*, ed. by Edgard Powell, London 1902.
Hoffmann, Marguerite: *Mein Weg mit Melchior Lechter*, Amsterdam 1966.
Ibn Hauqal: *Configuration de la terre* (Kitab surat al-ard), ed. par J. H. Kramers, Beirut 1964.
Kaden, Woldemar: An der Küste von Amalfi. Süditalienische Landschaftsbilder, in: ›Der Volksbote‹ 57 (1894), Oldenburg und Leipzig 1894, S.105–121.
Kantorowicz, Alfred: *Meine Kleider*, Hamburg 1968.
Kaschnitz, Marie Luise: *Gesammelte Werke* (GW), hrsg. v. Christian Büttrich und Norbert Miller, Frankfurt 1981–1983

Kaschnitz, Marie Luise: *Tagebücher aus den Jahren* 1936–1966, 2 Bände, hrsg. v. Christian Büttrich u.a., Frankfurt 2000.
Kavanagh, Julia: *A Summer and Winter in the Two Sicilies*, 2 Bände, Leipzig 1858.
Keppel Craven, Richard: *A Tour through the Southern Provinces of the Kingdom of Naples*, London 1821.
Klee, Paul: *Tagebücher:* 1898–1918, hrsg. v. Felix Klee, Köln 1957.
Klemm, Gustav: *Reise durch Italien*, Dresden 1839. [Reise 1838]
Koch, Georg Friedrich: *Karl Friedrich Schinkel. Die Reisen nach Italien* 1803–1805 *und* 1824, München/Berlin 2006.
Kopisch, August: *Agrumi. Volksthümliche Poesieen aus allen Mundarten Italiens und seiner Inseln*, Berlin 1838.
Kracauer, Siegfried: *Werke*, hrsg. v. Inka Mülder-Bach und Ingrid Belke, Bd. 5/2, Frankfurt 2011.
Landau, Lola: *Positano oder Der Weg ins dritte Leben*, Berlin 1995.
Lawrence, D. H.: *The Letters*, ed. James T. Boulton, Cambridge 1989.
Leaska, Mitchell A. (Hrsg.): *The Letters of Violet Trefusis to Vita Sackville-West*, 1910–21, London 1989.
Loerke, Oskar: *Reisetagebücher*, bearb. v. Heinrich Ringleb, Heidelberg/Darmstadt 1960.
Longfellow, Henry W.: *The Complete Poetical Works*, Cambridge 1903.
Lüdemann, Wilhelm von: *Neapel wie es ist*, Dresden 1827.
Mann, Heinrich: *Briefe an Ludwig Ewers* 1889–1913, Berlin und Weimar 1980.
Mann, Heinrich: *Die Göttinnen* [1902], Frankfurt 2002.
Mann, Thomas: *Briefe an Otto Grautoff und Ida Boy-Ed*, 1903–1923, hrsg. v. Peter de Mendelssohn, Frankfurt 1975.
Massine, Léonide: *My life in ballet*, ed. by Phyllis Hartnoll and Robert Rubens, London 1968.
Masuccio Salernitano: *Il Novellino*, a cura di Alfredo Mauro, Bari 1940.
Meckauer, Walter: *Gassen in fremden Städten. Roman aus meinem Leben*, München 1959.
Megiser, Hieronymus: *Delitiae Neapolitanae, das ist Außführliche Beschreibung des mechtigen und inn Europa hoch unnd weitberühmbten Königreichs*, Leipzig 1605. [Reise 1588/89]
Mendelssohn, Fanny: *Italienisches Tagebuch*, hrsg. v. Eva Weissweiler, Frankfurt 1982.
Menzel, Wolfgang: *Reise nach Italien im Frühjahr* 1835, Stuttgart 1835.
Milano, Francesco: *Hôtel Cappuccini Convento*, Amalfi 1885.
Morse, Samuel F. B.: *His Letters and Journals*, ed. by Edward L. Morse, Boston/New York 1914.
Müller, Wilhelm: *Werke, Tagebücher, Briefe*, 6 Bände, hrsg. v. Maria-Verena Leistner, Berlin 1994.
Murray, John: *A Handbook for Travellers in Southern Italy*, 8th ed., London 1883.
Norway, Arthur H.: *Naples. Past and Present*, 6th ed., London 1924 [EA 1901].
Oefele, Aloys Freiherr von: *Bilder aus Italien*, Bd. II, Frankfurt 1833.
Peyrefitte, Roger: *Du Vésuve a l'Etna*, Paris 1952 [dt. *Vom Vesuv zum Ätna*, Karlsruhe 1955].
Platen, August von: *Platens Werke*, 2 Bände, Leipzig/Wien 1895.
Platen, August von: *Die Tagebücher*, hrsg. v. Georg v. Laubmann und Ludwig v. Scheffler, Bd. II, Stuttgart 1900.
Rilke, Rainer Maria: *Briefe. Aus den Jahren* 1906 *bis* 1907, Leipzig 1930.
Rilke, Rainer Maria: *Sämtliche Werke* (SW), Frankfurt 1965.
Rochau, August Ludwig von: *Italienisches Wanderbuch* 1850–1851, Bd. II, Leipzig 1852.
Rogers, Samuel: *Italy. A Poem*, London 1828.
Ruskin, John: *Diaries*, ed. by Joan Evans and John H. Whitehouse, Bd. I: 1835–1847, Oxford 1956.
Schack, Adolf Friedrich von: *Ein halbes Jahrhundert. Erinnerungen und Aufzeichnungen*, Bd. III, Stuttgart/Leipzig 1888. [Reise 1880]
Seewald, Richard: *Die Zeit befiehlts, wir sind ihr untertan. Lebenserinnerungen*, Freiburg/Basel/Wien 1977.
Semenov, Michail N.: *Un pescatore russo a Positano*, a cura di Vladimir Keidan, Amalfi 2011.
Shelley, Mary: *Rambles in Germany and Italy in* 1840, 1842, *and* 1843, 2 voll., London 1844 [dt. *Streifzüge durch Deutschland und Italien*, Wiesbaden 2017/18].

Sinno, Andrea (Hrsg.): *Regimen Sanitatis. Flos Medicinae Scholae Salerni*, Milano 1987.
Sohn-Rethel, Alfred: *Das Ideal des Kaputten*, hrsg. v. Bettina Wassmann, Frickingen 2008.
Stahr, Adolf: *Ein Jahr in Italien*, Bd. I, 3. Aufl., Oldenburg 1863.
Starke, Mariana: *Information and Directions for Travellers on the Continent*, 6th. ed., London 1828.
Steuart Erskine, Beatrice: *The Bay of Naples*, London 1926.
Stewart, J.I.M.: *Young Pattullo.* Cornwall 1975.
Stürner, Wolfgang (Hrsg.): *Die Konstitutionen Friedrichs II. für das Königreich Sizilien*, Hannover 1996 (= Monumenta Germaniae Historica II Suppl.).
Swinburne, Henry: *Reisen durch Beide Sicilien, welche in den Jahren* 1777, 1778, 1779 *und* 1780 *zurückgeleget worden*, 2 Bände, Hamburg 1785–1787 [= *Travels in the Two Sicilies*, dt.]. [Aufenthalt 1777]
Tabula de Amalpha, Salerno 1965.
Tobler, Titus (Hrsg.): *Descriptiones Terrae Sanctae*, Leipzig 1874.
Tocqueville, Alexis de: *Correspondance anglaise*, Paris 2003 (Oeuvres complètes, VI).
Topographia Italiae, das ist: Warhaffte und Curiöse Beschreibung von gantz Italien, Frankfurt 1688.
Tudela, Benjamin von, Petachja von Regensburg: *Jüdische Reisen im Mittelalter*, Leipzig 1991.
Ullrich, Titus: *Reise-Studien aus Italien, England und Schottland*, Berlin 1893. [Reise 1854]
Vidal, Gore: *Palimpsest: A Memoir*, London 1995.
Vidal, Gore: *Point to Point Navigation. A Memoir 1964–2006*, New York 2006.
Vischer, Friedrich Theodor: *Briefe aus Italien*, München 1907. [Reise 1840]
Wagner, Cosima: *Die Tagebücher*, Bd. II, hrsg. v. Martin Gregor-Dellin und Dietrich Mack, München/Zürich 1977.
Wagner, Richard: *Dichtungen und Schriften*, hrsg. v. Dieter Borchmeyer, Bd. 4, Frankfurt 1983.
Waiblinger, Wilhelm: *Werke und Briefe*, hrsg. v. Hans Königer, 5 Bände, Stuttgart 1980ff.
Willkomm, Ernst: *Italienische Nächte. Reiseskizzen und Studien*, Bd. II, Leipzig 1847. [Reise 1846]
Woude, Johan van der: *Spel in Positano*, 's-Gravenhage 1937.

Literatur

Abkürzungen

APOLLO	Apollo. Bollettino dei Musei Provinciali del Salernitano.
ASPN	Archivio storico per le province napoletane.
CCSA	Centro di Cultura e Storia Amalfitana.

Abulafia, David: *Commerce and Conquest in the Mediterranean* 1100–1500, Aldershot 1993.
Abulafia, David: *The Great Sea. A Human History of the Mediterranean*, Oxford 2011 (dt. *Das Mittelmeer, eine Biographie*, Frankfurt 2013).
Adinolfi, Gaspare: *Incendi boschivi nella Penisola sorrentino-amalfitana*, Amalfi 2019.
Alamaro, Eduardo: *Irene Kowaliska. Un'artista, una donna, un mito*, Napoli 1992.
Apicella, Maurizio: *Tra Amalfi, Salerno e Paestum a metà dell'Ottocento. Fotografi francesi in viaggio*, Salerno 2006.
Apuzzo, Antonella: »Insediamenti rupestri della Costiera Amalfitana. Distribuzione e caratteristiche di antri e caverne«. In: *Rassegna del CCSA* 61/62 (2021), S. 137–170.
Assante, Franca: *La ricchezza di Amalfi nel Settecento*, Napoli 1967.
Assante, Franca: *Amalfi e la sua costiera nel Settecento. Uomini e cose*, Neapel 1994.
Atti della Giornata di Studio per il IX centenario della fondazione della Diocesi di Ravello, Ravello 1987.

Beloch, Julius: *Campanien. Geschichte und Topographie des antiken Neapel und seiner Umgebung*, 2. Aufl., Breslau 1890.
Bergman, Robert P.: »›Amalfi sommersa‹, Myth or Reality?«. In: *ASPN* 96 (1979), S. 23–30.
Bergman, Robert P.: *Santa Maria de Olearia in Maiori. Architettura e affreschi*, Amalfi 1995.
Berndt, Iris: »Carl Blechen (1798–1840) und die künstlerische Entdeckung des Mühltals von Amalfi«. In: *Jahrbuch der Berliner Museen* 59 (2017) [2019], S. 45–60.
Bieberstein, Klaus/Bloedhorn, Hanswulf: *Jerusalem. Grundzüge der Baugeschichte vom Chalkolithikum bis zur Frühzeit der osmanischen Herrschaft*, Bd. II, Wiesbaden 1994.
Bracco, Vittorio: *Le urne romane della costa d'Amalfi*, Salerno 1977.
Braudel, Fernand: *Das Mittelmeer und die mediterrane Welt in der Epoche Philipps II.*, 3 Bände, Frankfurt 1990.
Burns, Robert I.: »Paper comes to the west«, in: Uta Lindgren (Hrsg.): *Europäische Technik im Mittelalter (800–1200). Tradition und Innovation*, Berlin 1996, S. 413–422.
Caldesi, Katie/Caldesi, Giancarlo: *Amalfi-Küche. Rezepte aus Italiens Süden*, München 2022.
Camera, Matteo: *Memorie storico-dipolomatiche dell'antica città e ducato di Amalfi*, 2 vol., Salerno 1876/1881 [Nachdruck Amalfi 1999].
Camera, Matteo: *Scritti minori, inediti e rari*, Amalfi 1994.
CCSA (Hrsg.): *La costa di Amalfi nel secolo XVII. Atti del Convegno di Studi* 1998, 2 vol., Amalfi 2003.
CCSA (Hrsg.): *Le arti dell'acqua e del fuoco. Le attività produttive protoindustriali della Costa di Amalfi*, Amalfi 2004.
CCSA (Hrsg.): *Edward Lear. Visioni inedite della Costa di Amalfi*. Katalog Amalfi 2017.
Cepl, Philipp/Cepl-Kaufmann, Gertrude: *Der einzige senkrechte Ort der Welt. Die Künstlerkolonie Positano*, Berlin 2021.
Di Lieto, Rita: *L'Ancora dei ricordi. Amalfi prima del turismo di massa (attività, volti, gesti, usi e luoghi)*, Amalfi 2022.
Doelker, Riccardo: *Soggiorno italiano*. Ausstellungskatalog Vietri sul mare 1996.
Ercolino, Romolo: *L'isola delle Sirene «Li Galli»*, Castellamare 1997.
Falcone, Ezio: »La tradizione culinaria della regione amalfitana, il garum e la colatura d'alici«. In: *Rassegna del CCSA*, N.S. 6 (1993), S. 37–56.
Falcone, Ezio/Apicella, Maurizio: *Il limone della costa d'Amalfi/The Lemon of the Amalfi Coast*, Amalfi 2010.
Ferrigno, Ursula: *Die Küche von Amalfi*, Hildesheim 2023.
Forcellino, Antonio: *La ceramica sugli scogli. La storia cancellata di Max e Flora Melamerson*, Capri 2017.
Fresolone, Giuseppe: »L'emigrazione nord-africana, transoceanica e interna dalla costiera amalfitana nei secoli XIX e XX«. In: *Rassegna del CCSA*, N.S. 43/44 (2012), S. 185–210.
Galdi, Amalia: Santi afro-bizantini nella tradizione marinara e agiografica della Costa d´Amalfi. In: Giovanni Camelia/Giuseppe Cobalto (Hrsg.): *Fieri iussit pro redemptione. Mecenatismo, devozione e multiculturalità nel Medioevo amalfitano*, Amalfi 2009, S. 193–213.
Gargano, Giuseppe: *La città davanti al mare. Aree urbane e storie sommerse di Amalfi nel medioevo*, Amalfi 1992.
Gargano, Giuseppe: *L'Arsenale di Amalfi. Il cantiere navale della repubblica marinara*, Amalfi 2010.
Gargano, Giuseppe: *La bussola e Flavio Gioia. Il mistero dell'invenzione che sconvolse le tecniche della navigazione medievale*, Salerno 2006.
Gargano, Giuseppe: Amalfi e il Mediterraneo medievale. In: Pasquale Natella: *Fundūq. Repertorio dei fondaci amalfitani d'Oltremare*, Amalfi 2014, S. 7–90.
Gargano, Giuseppe: »Respublica Amalphitana. L'Età dei *comites annales* e dei *prefecturii*«. In: *Rassegna del CCSA* 59/60 (2020), S. 9–46.
Giuliano, Guendalina: *Il limone e la Costa d'Amalfi*, Neapel 2001.
Hauschild, Thomas: *Weihnachtsmann. Die wahre Geschichte*, Frankfurt 2012.
Hennig, Mareike: »›Ein begnadetes Auge und eine sichere Hand‹«. Das Amalfi-Skizzenbuch von Carl Blechen«. In: Rosa von der Schulenburg (Hrsg.): *Carl Blechen. Mit Licht gezeichnet. Das Amalfi-Skizzenbuch aus der Kunstsammlung der Akademie der Künste, Berlin*, Berlin 2009, S. 31–36.

Hochstim, Jan: *The Paintings and Scetches of Louis I. Kahn*, New York 1991.

Holroyd, Michael: *Lytton Strachey. A Critical Biography*, 2 voll., London 1968.

Holroyd, Michael: *A Book of Secrets. Illegitimate Daughters, Absent Fathers*, London 2010.

Imperato, Giuseppe: *Amalfi. Il primato della carta*, Salerno 1984.

Kara-Murza, Aleksej A./Talalay, Michail G./Ol'ga A. Žukova: *I russi ad Amalfi. Suggestioni mediterranee e storie di vita*, Amalfi 2015.

Kavanagh, Julie: *Nureyev: The Life*, New York 2007.

Kiesow, Karl: *Die verschiedenen Bearbeitungen der Novelle von der Herzogin von Amalfi des Bandello in den Literaturen des* 16. *und* 17. *Jahrhunderts*, Diss. Leipzig 1894.

Krause, Clemens: *Villa Jovis. Die Residenz des Tiberius auf Capri*, Mainz 2003.

Lipinsky, Angelo e Lydia: *Il tesoro sacro della Costiera Amalfitana*, a cura di Nicola Franciosa, Amalfi 1989.

Locher, J. L. (Hrsg.): *Leben und Werk M. C. Escher*, Remseck 1994.

Maleczek, Werner: *Petrus Capuanus. Kardinal, Legat am Vierten Kreuzzug, Theologe*, Wien 1988.

Merzbacher, Dieter: »›Versuchens halber mich etwas in Italiam begeben‹. Die Italienreise des Wernigeroder Junkers Barthold von Gadenstedt«. In: *Wolfenbütteler Barock-Nachrichten* 31 (2004), S. 99–116.

Mielke, Siegfried (Hrsg.): *Gewerkschafterinnen im NS-Staat. Biografisches Handbuch*, Bd. 2, Berlin 2022.

Mittelmeier, Martin: *Adorno in Neapel. Wie sich eine Sehnsuchtslandschaft in Philosophie verwandelt*, München 2013.

Montanari, Massimo: *Spaghetti al pomodoro. Kurze Geschichte eines Mythos*, Berlin 2020.

Morrissey, John: *Amalfi. Moderne im Mittelalter*, Wien 2020.

Müller, Frank: *Furore! Eine ethnologische Studie zum Wandel lokaler Kultur im Tourismus*, Münster 2012.

Napolitano, Giorgio: *Il viaggio al Sud della ceramica. Vietri, un crocevia di culture*, a cura di Matilde Romito, Salerno 2006.

Natella, Pasquale: »Storia del turismo italiano. La Costiera Amalfitana II«. In: *Rassegna del CCSA*, N.S. XVIII (2008), S. 115–194.

Natella, Pasquale: *Fundūq. Repertorio dei fondaci amalfitani d'Oltremare*, Amalfi 2014.

Neumeister, Christoff: *Der Golf von Neapel in der Antike. Ein literarischer Reiseführer*, München 2005.

Pasca, Maria (Hrsg.): *La Scuola Medica Salernitana. Storia, immagini, manoscritti dall' XI al XIII secolo*, Napoli 1988.

Peduto, Paolo: »Una discarica ottocentesca nella Villa medievale dei Rufolo«. In: *I profumi di Reid. Uno scavo archeologico a Villa Rufolo e la vita di un inglese nella Ravello dell'Ottocento*, Neapel 1999, S. 17–20.

Peduto, Paolo/Widemann, François (Hrsg.): *L'ambiente culturale a Ravello nel medioevo. Il caso della famiglia Rufolo*, Bari 2000.

Poole, Gordon M. (Hrsg.): *A Hundred Years After. New Light on Francis Marion Crawford*, Sorrent 2011.

Reiss, Tom: *Der Orientalist. Auf den Spuren von Essad Bey*, Berlin 2008.

Ricciardi, Massimo/Talalay, Michail: *Il piccolo »Eremitage« di Vasilij Necitajlov*, Amalfi 2012.

Richter, Dieter: *Viaggiatori stranieri nel Sud. L'immagine della Costa di Amalfi nella cultura europea tra mito e realtà*, Amalfi 1985.

Richter, Dieter: »Lo sguardo dell'enciclopedista-viaggiatore. Henry Swinburne in Costiera«. In: Franca Assante (Hrsg.): *La Costa di Amalfi nel secolo XVIII*, 2 vol., Amalfi 1988, S. 1005–1016.

Richter, Dieter (Hrsg.): *Alla ricerca del Sud. Tre secoli di viaggi ad Amalfi nell'immaginario europeo*, Florenz 1989.

Richter, Dieter: »Tourismus und Festkultur. Religiöse Feste an der Costiera Amalfitana zwischen Tradition und Moderne«. In: Dieter Richter (Hrsg.): *Fremdenverkehr und lokale Kultur. Kulturanthropologische Untersuchungen an der Küste von Amalfi*, Bremen 1999, S. 121–151.

Richter, Dieter: »Zur sozialen Bedeutung des Essens und lokaler gastronomischer Traditionen in einer süditalienischen Fremdenverkehrs-Region«. In: Dieter Richter (Hrsg.): *Fremdenverkehr und lokale Kultur. Kulturanthropologische Untersuchungen an der Küste von Amalfi*, Bremen 1999, S. 152–169.

Richter, Dieter: »Artisti tedeschi in Vietri«. In: Matilde Romito (Hrsg.): *La ceramica vietrese nel »periodo tedesco«*, Salerno 1999, S. 34–39.
Richter, Dieter/Romito, Matilde: *I profumi di Reid. Uno scavo archeologico a Villa Rufolo e la vita di un inglese nella Ravello dell'Ottocento*, Neapel 1999.
Richter, Dieter: *Von Worpswede nach Italien. Lisel Oppel, Malerin im Süden*, Bremen 2005.
Richter, Dieter: »Klingsors Zaubergarten. Eine exotische Landschaft in Richard Wagners ›Parsifal‹ und der ›Mythos Ravello‹«. In: *Eros und Literatur*, hrsg. v. Christiane Solte-Gresser u. a., Bremen 2005, S. 191–200.
Richter, Dieter/Romito, Matilde/Talalay, Michail: *In fuga dalla storia. Esuli dai totalitarismi del Novecento sulla Costa d'Amalfi*, Amalfi 2005.
Richter, Dieter: »Auf den Spuren von Carl Blechen in Kampanie«. In: Rosa von der Schulenburg (Hrsg.): *Carl Blechen. Mit Licht gezeichnet. Das Amalfi-Skizzenbuch aus der Kunstsammlung der Akademie der Künste, Berlin*, Berlin 2009, S. 37–40.
Richter, Dieter/Esposito, Enzo: *Peter Ruta e l'Italia: una vita in viaggio*, Ravello 2012.
Richter Dieter: *Die Insel Capri. Ein Portrait*, Berlin 2018.
Richter, Dieter: *Con gusto. Die kulinarische Geschichte der Italiensehnsucht*, Berlin 2021.
Richter, Dieter: *Neapel. Biographie einer Stadt*, 4., überarb. Aufl., Berlin 2022.
Romito, Matilde: *Tasselli di storia a Positano*, Salerno 1998.
Romito, Matilde: *Der Deutsche von Vietri. In viaggio nel Sud arcaico degli anni Venti con Richard Dölker*, Salerno 2004.
Romito, Matilde: *La pittura di Positano nel '900*, Paestum 2011.
Romito, Matilde: *Wanderer in Traumlandschaft. Pittori stranieri ad Amalfi, Atrani e Ravello nella prima metà del '900*, Salerno 2020.
Russo, Flavio: *Le torri vicereali anticorsare della costa d'Amalfi*, Amalfi 2002.
Ruta, Peter: *Peter Ruta, Künstler, Zeitzeuge, Kosmopolit.* Katalog Leipzig, Stadtgeschichtliches Museum 2008.
Sabino, Lina (Hrsg.): *I Santi Patroni della Costiera Amalfitana*, Amalfi 2001.
Sangermano, Gerardo: *Caratteri e momenti di Amalfi medievale e del suo territorio*, Salerno/Rom 1981.
Scala nel Medioevo. Atti del Convegno di Studi, Scala, 27.–30.10.1995, Amalfi 1996.
Scholz, Dieter David: *Richard Wagner. Eine europäische Biographie*, Berlin 2006.
Schulenburg, Rosa von der (Hrsg.): Carl Blechen. Mit Licht gezeichnet. Das Amalfi-Skizzenbuch aus der Kunstsammlung der Akademie der Künste, Berlin. Berlin 2009.
Schuster, Peter-Klaus (Hrsg.): *Carl Blechen. Zwischen Romantik und Realismus*, Berlin 1990.
Schwarz, Ulrich: *Amalfi im frühen Mittelalter (9.–11. Jahrhundert)*, Tübingen 1978.
Serrao, Elisabetta/Lacerenza, Giancarlo (Hrsg.): *Capri e l'Islam. Studi su Capri, il Mediterraneo, l'Oriente*, Capri 2000.
Sievernich, Gereon/Budde, Hendrik (Hrsg.): *Europa und der Orient:* 800–1900, Gütersloh/München 1989.
Späte, Jörg: *Siegfried Kracauer. Eine Biographie*, Berlin 2016.
Szeemann, Harald (Hrsg.): *Visionäre Schweiz*, Aarau 1991.
Tagliolini, Alessandro: »Il sogno mediterraneo di uno scozzese. Il giardino della Villa Rufolo in Ravello«. In: ders. (Hrsg.): *Il giardino italiano dell'Ottocento: nelle immagini, nella letteratura, nelle memorie*, Mailand 1990, S. 145–159.
Talamo, Errico: *Monografia della Città di Positano*, Napoli 1890.
Travaini, Lucia: »Il caso della moneta«. In: Giovanni Camelia/Giuseppe Cobalto (Hrsg.): *Fieri iussit pro redemptione. Mecenatismo, devozione e multiculturalità nel Medioevo amalfitano*, Amalfi 2009, S. 111–118.
Tucci, Enzo di: *L'isola di Capri nel ducato di Amalfi (sec. IX–XII)*, Capri 2008.
Tullio, Giuseppina: »Una comunità marinara. Positano nel Settecento«. In: Franca Assante (Hrsg.): *La Costa di Amalfi nel secolo XVIII*, 2 vol., Amalfi 1988, S. 573–602.
Vespoli, Giuseppe: *Storia di Positano*, Salerno 1971.
Voigt, Klaus: *Zuflucht auf Widerruf. Exil in Italien* 1933–1945, 2 Bände, Stuttgart 1989–1993.
Watt, William Montgomery: *Der Einfluß des Islam auf das europäische Mittelalter*, Berlin 1988.

Abbildungsnachweis

S. 4: Photo Katalin Deér, Pogerola, 2023; S. 19, 21, 26, 39, 45, 82, 124, 133, 135: Photo D. Richter; S. 34: C. F. Strahlheim, *Die Wundermappe*, Bd. I, Frankfurt a. M. 1835 (Sammlung D. R.); S. 36: Tradizioni e feste in Costiera Amalfitana; S. 46: Maria Pasca, *La Scuola Medica Salernitana*, Neapel 1988, S. 71 (Avicenna, *Liber Canonis, al-Qanun*. Florenz, Biblioteca Laurenziana, Ms. Gaddi 24, fol. 247v.); S. 52: G. B. Ferrari, Hesperides, Rom 1646 (Landesbibliothek Oldenburg, NW II 6 C 32); S. 59: Karlsruhe, Kunsthalle, inv. 1988-4 (Bleistift, Aquarell, Deckweiß, sign. *Ferriera Amalfy*); S. 60: Lithographie aus: »Die Gartenlaube«, Jg. 1896, S. 191; S. 64: Lavierte Federzeichnung, sign. *Amalfi 1841 Vianelli* (Sammlung D. R.); S. 66: H. Swinburne/ P. Mazell, *View of Amalfy and its Coasts*, Kupferstich, aus: H. Swinburne, Travels, Bd. 2, London 1785, p. 148 (Sammlung D. R.); S. 71: D. Richter (Hrsg.), *Alla ricerca del Sud*, Florenz 1989. S. 83; S. 73: Rom, Istituto Catel, inv. nr. 71 (Öl auf Leinwand). Prometheus Bildarchiv; S. 75: Hamburg, Kunsthalle, inv. nr. 1075 (Öl auf Leinwand, sign. *Jos. Rebell 1817*); Wikimedia Commons; S. 85: Sammlung D. Richter; S. 85: *Amalfi-Skizzenbuch*, Akademie der Künste, Berlin, Kunstsammlung, Inventar-Nr.: KS-Blechen 69; S. 87: Bayerische Staatsbibliothek, München, *Gregoroviusiana*, Skizzenbuch Nr. 9; S. 92: Staatliche Graphische Sammlung München, inv. 27813; S. 94: Ehemals Hotel Palumbo, Ravello (Photo D. R.); S. 102: Farb-Repro im Brief von Ilse Bruck-Bondy an Armin T. Wegner, Positano 13.4.1962. Marbach DLA, Nachlass Armin T. Wegner; S. 105: Tuschezeichnung, vom Autor für Vorzugsausgabe handkoloriert, in: S. Andres, *Positano*, 1957, nach S. 72 (Sammlung D. R.); CC-BY4.0; https://catalogo.beniculturali.it/detail/HistoricOrArtisticProperty/1500891553); S. 109: Rudolf Jacobi, Titelblatt (Farblithographie) von A. v. Hatzfeld, *Positano*, 1925; S. 112: Louis Kahn, *Fisherman's Huts, Praiano, Amalfi Coast*, 1929/30 (Oil on Canvas), Sue Ann Kahn Collection.

Ringraziamenti

Con gratitudine ricordo in Costiera amalfitana

Alfredo Aielli – Secondo Amalfitano – Andrea Amendola – Dorothee Andres – Alfonso Andria – Eugenia Apicella – Maurizio Apicella – Andrea Barbaro – Pasquale Basile – Giuseppe Camera – Pierfrancesco Cantarella – Gino Caruso – Antonio Cavaliere *all' ascensore* – Antonio Cavaliere *'o cartaro* – Giuseppe Cobalto – Michele Cobalto – Salvatore Del Pizzo – Domenico De Masi – Francesco Durante – Enzo Esposito – Gioacchino Esposito – Ezio Falcone – Giuseppe Gargano – Olimpia Gargano – Mario Grimaldi – Raffaele La Capria – Peppe Lucibello – Nino Malafronte – Teresa Mansi – Nicola Milano fu Filippo – Paolo Peduto – Matilde Romito – Paolo Sandulli – Rita Sepe Sarnelli – Michail Talalay – François Widemann.

Dieter Richter, geboren 1938 in Hof/ Bayern, lehrte von 1972 bis 2004 als Professor für Kritische Literaturgeschichte an der Universität Bremen. Er ist Verfasser zahlreicher kulturwissenschaftlicher Bücher.

Dieter Richter bei Wagenbach

Con gusto *Die kulinarische Geschichte der Italiensehnsucht*
Dieter Richter erzählt – wie immer kulinarisch und mit großer Kennerschaft – die Kulturgeschichte einer Begegnung: wie die italienische Küche in den Norden kam und zur Zauberformel des guten Lebens wurde. Von Goethes Italienreise bis zur Mittelmeerdiät.
SVLTO. Rotes Leinen. Fadengeheftet. 168 Seiten mit vielen Abbildungen

Fontane in Italien
»Wie leicht ist es geworden, Italien zu besuchen!« Theodor Fontane war einer der ersten modernen Touristen, die mit der Eisenbahn in den Süden reisten. Und man ahnt schon, welche Landschaft der Dichter am Ende mehr schätzte: die Mark Brandenburg oder den Golf von Neapel.
Mit zwei Stadtbeschreibungen aus dem Nachlass
SVLTO. Rotes Leinen. Fadengeheftet. 144 Seiten

Goethe in Neapel
An der dauernden Italiensehnsucht der Deutschen hat Goethes Italienische Reise großen Anteil. In Neapel kulminieren Glücksgefühl und Befremden des fahrenden Nordmenschen. Dieter Richter begibt sich auf eine höchst unterhaltsame Spurensuche.
SVLTO. Rotes Leinen. Fadengeheftet. 144 Seiten mit vielen Abbildungen

Das Meer *Geschichte der ältesten Landschaft*
Die Frage nach dem Ursprung aller Dinge lautet auch: Wie kommt das Salz ins Meer? Dieter Richter beginnt seine souverän geschriebene Kulturgeschichte bei den Schöpfungsmythen des Meeres und endet in unserer Zeit des ansteigenden Meeresspiegels. Dazwischen jede Menge Badelust, Tiefseeforschung und Mondnächte auf Capri!
Gebunden mit Schildchen. 240 Seiten mit vielen Abbildungen

Costiera Amalfitana erschien im Frühjahr 2024 als 282. *SVLTO.*

2. Auflage 2024

Emser Straße 40/41, 10719 Berlin www.wagenbach.de

Covergestaltung Julie August unter Verwendung eines Gemäldes von Paolo Sandulli (Ausschnitt)
Gesetzt aus der Minion. Vorsatzmaterial von Peyer Graphic GmbH, Leonberg. Leinen von Gebr. Schabert, Strullendorf
Gedruckt und gebunden bei Beltz Grafische Betriebe, Bad Langensalza. Printed in Germany.

ISBN 978 3 8031 1381 8